Deutschbuch

Gymnasium
Baden-Württemberg

5

Arbeitsheft

Erarbeitet von
Michael Germann, Cordula Grunow,
Angela Mielke, Deborah Mohr,
Christoph Oldeweme, Irmgard Schick,
Sandra Simberger, Andrea Wagener
und Manuela Wölfel

In der **Cornelsen-Lernen-App** findest du
Erklärfilme passend zu deinem Arbeitsheft.

Cornelsen

Inhaltsverzeichnis

Schreiben		bearbeitet am	☺ 😐 ☹
Informieren	4		
Einen Brief schreiben	4		
Erzählen	6		
Eine spannende Erzählung untersuchen	6		
Ein Erlebnis spannend erzählen	8		
Nach Bildern erzählen	12		
Einen Schwank nacherzählen	14		
Beschreiben	17		
Eine Tierbeschreibung untersuchen	17		
Ein Tier anschaulich und genau beschreiben	18		
Argumentieren	20		
Eine schriftliche Argumentation untersuchen	20		
Die eigene Meinung schriftlich begründen	22		

Lesen – Umgang mit Texten und anderen Medien		bearbeitet am	☺ 😐 ☹
Einen Sachtext lesen und verstehen	24		
Einen Erzähltext lesen und verstehen	27		
Ein Gedicht gestaltend vortragen	30		

Grammatik		bearbeitet am	☺ 😐 ☹
Was kannst du schon? – Grammatik	31		
Wortarten	33		
Nomen	33		
Pronomen	36		
Adjektive	37		
Präpositionen	39		
Verben	40		
Teste dich! – Wortarten	42		
Die Tempora (Zeitformen) der Verben	43		
Das Präsens	43		
Das Futur	44		
Das Perfekt	45		
Das Präteritum	46		
Das Plusquamperfekt	48		
Teste dich! – Die Tempora (Zeitformen) der Verben	49		
Satzglieder	50		
Der Aufbau von Sätzen – Felder, Satzklammer, Satzglieder	50		
Satzglieder erkennen – Die Umstellprobe	52		
Satzglieder bestimmen – Das Prädikat als Satzkern	53		
Satzglieder erfragen – Das Subjekt	54		
Satzglieder erfragen – Akkusativ- und Dativobjekte	55		
Genaue Angaben machen – Adverbiale Bestimmungen	57		
Wortgruppen unterscheiden	59		

Deutschbuch

Gymnasium
Baden-Württemberg
Lösungen

Umschlaggestaltung: Corinna Babylon unter Verwendung einer Illustration von Christiane Grauert (Milwaukee, USA).

5

Cornelsen

Informieren

Seite 4

2 a So oder so ähnlich sollte deine Antwort lauten:
Tobi schreibt den Brief
- an Freunde und Freundinnen von seiner alten Grundschule
- an Schüler oder Schülerinnen von seiner alten Grundschule.
- an die 4. Klasse seiner alten Grundschule.

b Die folgenden Lücken solltest du im Brief gefüllt haben. Sie sind im Brief unten fett gedruckt.
- Datum (oben rechts), z. B.: **Heilbronn, den 1. September 2025**
- Anrede, z. B.: **Liebe 4. Klasse! – Liebe 4. Klasse der Astrid-Lindgren-Grundschule!**
- Grußformel, z. B.: **Herzliche/Viele/Liebe Grüße – Bis bald**
- Unterschrift von Tobi, z. B.: **Tobi / euer Tobi**

c Die Textstellen, in denen Tobi seine Empfängerinnen und Empfänger direkt anspricht, sind unterstrichen.

Heilbronn, den 1. September 2025

Liebe 4. Klasse der Astrid-Lindgren-Grundschule!

Gerade sitze ich gemütlich in meinem Zimmer und denke an meine alte Grundschule. Da kam mir die Idee, euch einen Brief zu schreiben und von der neuen Schule zu erzählen.
Jetzt sind die ersten drei Schulwochen geschafft. Sie waren viel besser, als ich erwartet hatte. <u>Aber wisst ihr, was wirklich blöd ist</u>? Ich gehöre jetzt wieder zu den Kleinen auf der Schule. <u>Da müsst ihr jetzt lachen, oder</u>? <u>Ihr könnt euch gar nicht vorstellen</u>, wie groß die neue Schule ist. Ich habe mich schon mehrmals verirrt. Denn es gibt nicht nur einen Klassenraum, sondern bestimmte Fachräume, z. B. einen für Biologie und einen für Physik. Die neuen Fächer sind toll. <u>Na? Werdet ihr schon neugierig auf eure neue Schule im nächsten Schuljahr? Seid ihr schon nervös? Ihr könnt ganz beruhigt sein</u>: Man lebt sich auf der neuen Schule schneller ein, als man denkt. Manchmal vermisse ich aber unsere Grundschule.

<u>Wie geht es euch als den neuen „Großen" an der Grundschule</u>? Ich würde mich freuen, von euch zu hören.

Herzliche Grüße
Tobi

Seite 5

3 Der Eintrag Nr. 1 ist besser gelungen.

4 Mögliche „knackige" Tipps, drei davon solltest du aufgeschrieben haben:
Formuliere eine Überschrift! – Halte den Rand ein! – Hebe Wichtiges farbig oder durch andere Markierungen hervor! – Schreibe sauber und leserlich! – Unterstreiche mit dem Lineal!

5 Die Pronomen, die du in die Lücken eingesetzt haben solltest, sind fett gedruckt und unterstrichen.

Liebe Frau Hain!
<u>Sie</u> haben uns gebeten, **<u>Ihnen</u>** in einem Brief zu schreiben, was uns in der neuen Klasse gut gefällt. Dazu kann ich **<u>Ihnen</u>** eine Menge schreiben. Ich finde, dass **<u>Sie</u>** tolle Ideen haben, damit unsere Klassengemeinschaft gut funktioniert. Der gemeinsame Spielenachmittag mit **<u>Ihnen</u>** hat mir auch gut gefallen. Obwohl einige Kinder **<u>ihre</u>** Spiele zu Hause vergessen hatten, durften **<u>sie</u>** mitspielen. Mir hat gefallen, dass **<u>Sie</u>** als Klassenlehrerin nicht geschimpft haben.

6 Nach einem Ausrufezeichen bei der Anrede in einem Brief schreibt mag groß weiter; nach einem Komma klein.

Erzählen

Seite 7

2 a **Wer sind die Hauptfiguren?** Ich-Erzählerin (= Lea), Max, Luna
Wo spielt die Handlung? in den Straßen der Neubausiedlung
Wann spielt die Handlung? nach der Schule, am Nachmittag
b Die Textstelle macht neugierig, weil sie ein unerwartetes Ereignis ankündigt. Die Lesenden möchten erfahren, warum dieser Nachmittag für Lea anders verläuft als erwartet.

3 a + b **treffende Verben:** zischte, tollten (Z. 5), sauste (Z. 10)
anschauliche Adjektive: klägliches, finsteren (Z. 16), fieberhaft (Z. 17)
Gedanken und Gefühle: Was, wenn Luna für immer weg war?
wörtliche Rede: „Pst! Ich höre etwas!" (Z. 14)
Spannungsmelder: plötzlich, blitzartig (Z. 9)

4 Die Überschrift könnte z. B. lauten: *Wo ist Luna?*, oder: *Ein schrecklicher Fehler*

5 Schon während ich die Tür öffnete, lief Luna auf mich zu. Sie sprang an mir hoch und wartete darauf, dass ich ihr das Fell kraulte. Zuerst bekam sie aber ihr kleines Leckerli.

Seite 8

1 Das könntest du überlegt haben:
Ein Junge sitzt alleine im Zug, während seine Mutter mit Getränken im Arm auf dem Bahngleis steht. Sowohl der Junge als auch die Mutter sehen überrascht und verzweifelt aus. Wahrscheinlich wird die Mutter die Abfahrt des Zuges verpasst haben.

2

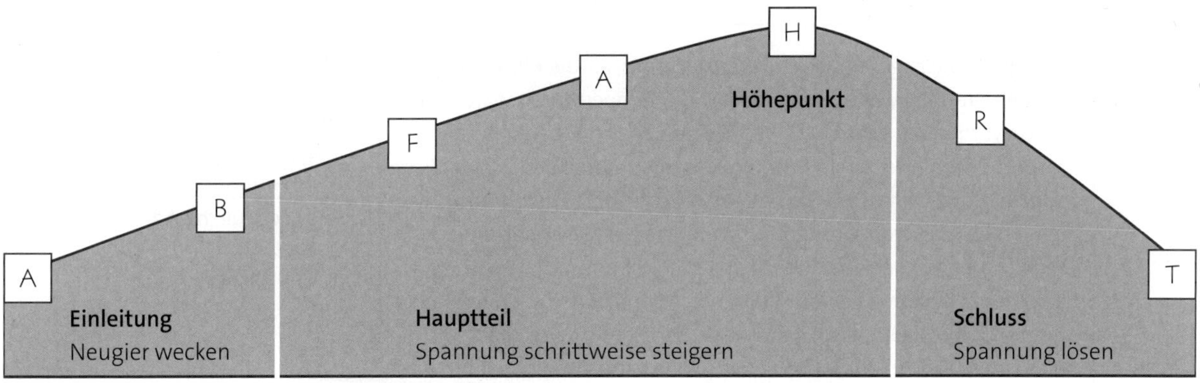

Seite 9

3 a Beide Einleitungen beantworten alle drei W-Fragen.
b **Einleitung A** fesselt die Lesenden, indem sie mit der Formulierung „Noch waren wir bester Laune" ein unerwartetes Ereignis ankündigt und zudem mit wörtlicher Rede beginnt.
Einleitung B ist spannend, weil im letzten Satz ein „Albtraum", also ein unerwartetes und erschreckendes Ereignis, angekündigt wird.

4 So könnte deine Einleitung lauten:

„Ich bin ganz schön aufgeregt“, gestand **ich** meiner Mutter, die verträumt aus dem Zugfenster schaute. „Ach“, **beruhigte** sie mich, „wir kommen sicher pünktlich und Onkel Markus wird sich riesig über unseren Besuch freuen.“ „Das will ich auch hoffen!“, entgegnete ich lachend. Schließlich war ich an diesem Samstagmorgen extra früh aufgestanden, um meinen Lieblingsonkel an seinem Geburtstag zu überraschen. *Dass auch auf mich eine Überraschung wartete, wusste ich da natürlich noch nicht.*

Darum ist die Einleitung gelungen:
- Die Geschichte beginnt mit wörtlicher Rede.
- Die W-Fragen (Wer? Wo? Wann?) werden beantwortet.
- **Es wird in der Ich-Form und im Präteritum erzählt.**
- *Ein unerwartetes Ereignis wird angekündigt.*

Seite 10

5 Folgende Adjektive und Verben solltest du markiert haben:
heißer, stöhnte, mutterseelenallein, nervös, schriller, brüllte.

6 Mögliche Lösungen:
Adjektive mit Nomen: weiche Knie, feuchte Hände, starr vor Schreck
Verben: erbleichen, erschrecken, erstarren, zittern, kreischen, schwitzen

7 Mögliche wörtliche Rede:

Ich schrie: „Halt! Stoppen Sie sofort den Zug. Wir können noch nicht losfahren!“ Die Schaffnerin schaute mich ungläubig an: „Was ist denn los, mein Junge?“ „Meine Mutter“, stammelte ich, „sie ist doch noch gar nicht eingestiegen. Sie steht noch auf dem Bahnhof!“ „Keine Angst!“, beruhigte mich die Schaffnerin.
„Ich werde sofort die Kollegen am Bahnhof verständigen. Du wirst deine Mutter schon bald wiedersehen.“

8 So könnte dein Hauptteil lauten:

Unsere Laune begann, sich zu verschlechtern, als die Klimaanlage ausfiel. Draußen war es Sommer und die Temperaturen waren schon vormittags sehr hoch. „Wir werden es überleben“, seufzte Mutter und tupfte sich in unserem stickigen Abteil den Schweiß von der Stirn. Dumm war nur, dass wir uns für die kurze Fahrt keinen Proviant eingepackt hatten. „Wenigstens Wasser hätten wir mitnehmen können“, dachte ich ärgerlich. Überraschenderweise kam der Zug dann an einem kleinen Bahnhof zum Stehen und aus dem Lautsprecher hallten die Worte: „Sehr geehrte Fahrgäste, dies ist ein außerplanmäßiger Halt. Wir warten auf einen anderen Zug!“ Mutter zog die Augenbrauen hoch. Aber erst als die Abfahrt sich immer weiter verzögerte, wurde sie unruhig: „Das ist ja nicht auszuhalten“, schimpfte sie leise. „Weißt du was, ich gehe jetzt ins Bordbistro und decke uns mit Lebensmitteln ein. Oder nein, noch besser: Ich springe schnell in den Bahnhofskiosk. Ich habe frische Luft dringend nötig!“ Gesagt, getan! Ehe ich mich versah, war ich allein und beobachtete wenige Augenblicke später, wie meine Mutter im Bahnhofsgebäude verschwand. Da auch andere Fahrgäste sich auf dem Bahnsteig die Füße vertraten, machte ich mir zuerst keine Sorgen. Dann aber dröhnte plötzlich wieder der Lautsprecher: „Sehr geehrte Fahrgäste, wir setzen unsere Fahrt jetzt fort. Bitte steigen Sie ein!“ In die Gruppe der Fahrgäste auf dem Bahnsteig kam Bewegung. Alle stiegen ein, nur eine fehlte. Mit

Darum ist der Hauptteil gelungen:
Markierungen im spannendsten Teil der Geschichte:
- treffende Verben
- Spannungsmelder
- **anschauliche Adjektive**
- *Gedanken und Gefühle*
- wörtliche Rede

rasendem Herzen hörte ich das Schließen der Türen und einen **schrillen** Pfiff. Genau in dem Moment, in dem der Zug anfuhr, stürzte meine Mutter auf den **verlassenen** Bahnsteig. Sie riss einen Arm in die Luft, fuchtelte und winkte, um sich bemerkbar zu machen, und schrie etwas Unverständliches. Ich sah noch, wie einer der Becher aus ihrer Hand zu Boden fiel, dann verschwand sie aus meinem Blickfeld. *Was sollte ich bloß tun? Ich hatte ja noch nicht mal ein Handy dabei! Sollte ich vielleicht die Notbremse ziehen? In meinem Kopf drehte sich alles und Tränen schossen mir in die Augen. Mein ganzer Körper zitterte. Gerade wollte ich vor lauter Verzweiflung um Hilfe schreien, als ich eine Hand auf meiner Schulter spürte* und die Worte hörte: „Was ist denn eigentlich los, meine Junge?" Es war die Schaffnerin, die mich freundlich und fragend ansah. „Sie müssen, sie müssen sofort den Zug stoppen", stammelte ich, „meine Mutter steht doch noch auf dem Bahnsteig!" „Oje!", sagte die Schaffnerin. „Aber Kopf hoch, wir kriegen das hin!" Ich atmete auf und hörte dann, wie die Schaffnerin über ihr Handy sofort in dem Bahnhof anrief, den wir soeben verlassen hatten. Dann fragt sie mich: „Weiß du vielleicht die Handynummer deiner Mutter auswendig?" „Klar!", rief ich. „Na dann", sagte sie und gab mir ihr Handy. „Ich wette, sie macht sich noch größere Sorgen als du."

Seite 11

9 In dem abgedruckten Schluss finden sich die Erzähltricks **A + D.**

10 **a + b** So könnte dein Schluss lauten, wenn du **Erzähltrick B** (= auf die Einleitung zurückgreifen) mit **Erzähltrick D** (= eine Anregung zum Nachdenken) **kombinierst:**

Zwei Stunden später saßen wir wieder gemeinsam im Zug und waren auf dem Weg zu Onkel Markus. Ich war heilfroh, dass die Schaffnerin Wort gehalten hatte. Aber Mama war noch immer ziemlich aufgewühlt, als sie halb im Scherz und halb im Ernst zu mir sagte: „Für eine Limo und ein Würstchen lasse ich dich in Zukunft **ganz bestimmt nicht mehr alleine! Ganz bestimmt nicht!** Da müssten sie mir schon etwas viel Besseres anbieten, z. B. einen leckeren Salat oder ...!" Ich musste laut lachen und nahm sie ganz fest in den Arm.

Darum ist der Schluss gelungen:
- Rückgriff auf die Einleitung
- **Schlussbemerkung zum Nachdenken**

11 Die Überschrift könnte zum Beispiel lauten: Eine Zugfahrt mit Hindernissen

12 Mögliche Lösung (**anschauliche Adjektive** = fett, treffende Verben = unterringelt, Spannungsmelder = unterstrichen, wörtliche Rede = grau markiert, *Gedanken und Gefühle* = kursiv):

Dann aber dröhnte plötzlich wieder der Lautsprecher: „Sehr geehrte Fahrgäste, wir setzen unsere Fahrt jetzt fort. Bitte steigen Sie ein!" In die Gruppe der Fahrgäste auf dem Bahnsteig kam Bewegung. Alle stiegen ein, nur eine fehlte. Mit **rasendem** Herzen hörte ich das Schließen der Türen und einen **schrillen** Pfiff. Genau in dem Moment, in dem der Zug anfuhr, stürzte meine Mutter auf den **verlassenen** Bahnsteig. Sie riss einen Arm in die Luft, fuchtelte und winkte, um sich bemerkbar zu machen, und schrie etwas Unverständliches. Ich sah noch, wie einer der Becher aus ihrer Hand zu Boden fiel, dann verschwand sie aus meinem Blickfeld. *Was sollte ich bloß tun? Ich hatte ja noch nicht mal ein Handy dabei! Sollte ich vielleicht die Notbremse ziehen?*

Seite 12

1 In dieser Reihenfolge solltest du Bilder ordnen: **4 – 2 – 1 – 3**

2 **a + b** So könnte deine Lösung lauten:
Bild Nr. 1: offenes, von Taschenlampe beleuchtetes Zelt im Garten / draußen ist es dunkel, nur der Mond scheint / Maike bläst Luftmatratze auf / fertiger, aber verlassener Schlafplatz von Clara
Zwischen Bild 1 und 2: Maike wartet auf Clara, bekommt etwas Angst.
Bild Nr. 2: Wäscheleine im Garten mit großen Laken / Clara geht durch die Laken, man sieht nur ihre Beine
Zwischen Bild 2 und 3: Clara verkleidet sich als Gespenst, um Maike zu erschrecken.
Bild Nr. 3: Clara erscheint als Gespenst und erschreckt Maike / Maike hat große Angst
Zwischen Bild 3 und 4: Maike ruft nach Clara und nach Hilfe.
Bild Nr. 4: Clara gibt sich zu erkennen und lacht / Maike schaut erstaunt und erleichtert
Nach dem letzten Bild: Beide Kinder lachen und verbringen eine lustige Nacht im Zelt.

Seite 13

3 So könnte deine Begründung lauten:
Aus Maikes Sicht kann man besonders spannend erzählen, weil sie von dem Gespenst/Clara überrascht und erschreckt wird. Ihre Gefühle, Gedanken und Reaktionen lassen sich anschaulich beschreiben.

4 **a** **Wer sind die Hauptfiguren?** Ich-Erzählerin (= Maike), Clara
Wo spielt die Handlung? in Claras Garten / teilweise im Zelt
Wann spielt die Handlung? abends / nachts bei Mondschein
b Du kannst frei entscheiden.

5 Folgende Formulierungen geben Maikes Angst anschaulich wieder:
- Ich war starr vor Schreck.
- Das Herz schlug mir bis zum Hals.
- Mein Puls raste.
- Mein Atem stockte.
- Jetzt war es um mich geschehen.
- Mein Herz blieb fast stehen.

6 Du könntest zum Beispiel die folgenden Sätze formulieren:
A „Komm nicht näher, bleib sofort stehen!", befahl ich dem Gespenst mutig.
B „Jetzt hör schon auf damit, Clara!", flehte ich das Gespenst an.
C „Ich schreie", drohte ich dem Gespenst, „wenn du auch nur einen Schritt näher kommst!"

7 **a + b** So könnte deine Geschichte lauten:

Eine unheimliche Nacht

Zum Ferienbeginn hatte meine Freundin Clara eine tolle Idee: Zelten bei ihr im Garten! Claras Garten war dazu wie geschaffen. Er war riesengroß und erinnerte mich an den wilden und verwunschenen Park eines Märchenschlosses. Am Freitagabend **schlugen** wir unser Zelt auf und **ich freute** mich schon darauf, dass wir die halbe Nacht quatschen und erzählen würden. *Doch da freute ich mich wohl ein bisschen zu früh.*

Ich war noch immer damit beschäftigt, meine Luftmatratze aufzublasen, als Clara sagte: „Ich gehe noch mal rasch auf die Toilette. Ich kann dich doch kurz alleine lassen, oder?" „Na klar, glaubst du etwa, ich habe Angst?", antwortete ich selbstbewusst. „Niemals!", entgegnete Clara kichernd. „Ich nehme dann die Taschenlampe mit, damit ich nicht gegen den nächsten Baum laufe."

Darum ist die Geschichte gelungen:
- Überschrift weckt Interesse und verrät nicht zu viel.

Einleitung:
- Die W-Fragen (Wer? Wo? Wann?) werden beantwortet.
- **Es wird in der Ich-Form und im Präteritum erzählt.**
- *Ein unerwartetes Ereignis wird angekündigt.*

Hauptteil:
- wörtliche Rede

Bevor ich noch etwas einwenden konnte, war Clara verschwunden. Nun war ich ganz alleine in diesem gewaltigen Garten und es war stockdunkel. Nur der Mond schimmerte bleich durch die Bäume. Ich hörte das Rauschen der Blätter im Wind *und bekam eine leichte Gänsehaut.* *„Jetzt stell dich mal nicht so an!“*, ermahnte ich mich selbst und pustete entschlossen noch ein letztes Mal in meine Luftmatratze. So, fertig! Ich spähte aus dem Zelt in die Dunkelheit. *Wo blieb Clara denn nur? Sie war doch schon eine halbe Ewigkeit weg.* Im Mondschein bewegten sich die Äste eines Baumes und ich sah in einiger Entfernung ein paar weiße Bettlaken schimmern, die noch immer an der Leine hingen. Ein Vogel schrie auf und ich fuhr vor Schreck zusammen. Da hörte ich auf einmal ein leises Knistern. *Waren das Schritte?* „Clara?“, flüsterte ich. „Clara, bist du das?“ Keine Reaktion! Plötzlich schoss ein weißes, **grauenhaftes** Gespenst mit ausgebreiteten Armen auf mich zu. *Das gab es doch gar nicht! Das Herz schlug mir bis zum Hals. Ich dachte wirklich, mein letztes Stündlein hat geschlagen.* „Komm nicht näher!“, stammelte ich mit **zitternder** Stimme. Da stieß das **unheimliche** Wesen einen **markerschütternden** Schrei aus: „Huaaaaaa!“ Ich weiß gar nicht, woher ich den Mut nahm, aber schreien konnte ich plötzlich auch: „Verschwinde! Hau ab! Geh weg, sonst brülle ich um Hilfe!“ Da hörte ich, wie die Gestalt auf einmal sehr mädchenhaft kicherte und rief: „Mensch, Maike, ich bin es doch nur, Clara!“ Clara streifte das Gespensterlaken rasch ab, kam auf mich zu, umarmte mich und sagte: „Es tut mir wirklich leid, so sehr wollte ich dich gar nicht erschrecken!“ „Mach das nicht noch mal!“, sagte ich vorwurfsvoll, aber da konnte ich schon fast wieder lachen.	– *Gedanken und Gefühle* – treffende Verben – Spannungsmelder – **anschauliche Adjektive**
Nun kam der angenehme Teil unserer Übernachtung. Wir kuschelten uns in unsere Schlafsäcke und erzählten stundenlang die tollsten Geschichten. Nur eine Bedingung hatte ich Clara dafür gestellt: „Du darfst traurige, lustige und abenteuerliche Geschichten erzählen, alles, nur keine Gespenstergeschichten!“	**Schluss:** – Das Ende der Geschichte wird erzählt, das Erlebnis abgeschlossen.

8 So könnte der spannendste Abschnitt deines Hauptteils lauten:

Ich schnappte mir ein Laken und schlich mich auf leisen Sohlen in Richtung Zelt. Das würde eine tolle Überraschung werden! Es waren vielleicht noch zehn Meter bis zu Maike, als ich unter das Laken kroch und ganz leise „Huaaaa!“ stöhnte. Es klang sehr gruselig. Noch gruseliger war allerdings das Echo: „Buuuh!“, dröhnte es durch den dunklen Garten, dass mir der Schreck in alle Glieder fuhr. Ich riss das Laken herunter und sah mich plötzlich einer weißen, wehenden Gestalt gegenüber, die auf mich zuzufliegen schien. „Hilfe!“, brüllte ich so laut, dass das Gespenst sich offenbar ebenfalls erschreckte und laut um Hilfe rief. Im selben Moment riss auch Maike sich ihr Laken vom Kopf und wir standen uns für ein paar Sekunden schweigend und ungläubig gegenüber. Das gab es doch gar nicht. Waren wir etwa auf die gleiche Idee gekommen? Maike fasste sich als Erste und sagte kichernd: „Zwei Dumme, ein Gedanke!“ Dann lagen wir uns lachend in den Armen und brauchten eine ganze Weile, um uns wieder zu beruhigen.

Seite 14

1 z. B.: Z. 16: bugsieren = führen, bringen; Z. 31: Groschen = veraltete Bezeichnung für bestimmte Münzen (Geld); Z. 32: Vorschuss = Vorauszahlung, ohne dass die Leistung bereits erbracht worden ist; Z. 50: allerhand = viel; Z. 65 f.: ihn trifft der Schlag – hier im Sinne von versterben; Z. 67: Scher dich …! = Verschwinde!; Z. 68 f.: sein Bündel schnüren = die Sachen zusammenpacken, weggehen

Seite 15

2 z. B.:
Z. 1–14: Eulenspiegel gibt sich an Universitäten als großartiger Gelehrter aus. Der Rektor und seine Studenten in Erfurt glauben das nicht und überlegen, wie sie ihn hereinlegen können.
Z. 15–33: Sie beschließen, Eulenspiegel einen Esel als Schüler zu geben, dem er das Lesen beibringen soll. Eulenspiegel lässt sich einen Vorschuss geben und meint, dafür etwa 20 Jahre zu brauchen, wobei er hofft, dass bis dahin der Rektor, der Esel oder er selbst bereits tot ist.
Z. 34–50: Till zeigt dem Esel ein Buch und legt zwischen die Seiten Hafer. Der Esel blättert durch die Seiten, frisst den Hafer und ruft am Ende „I–a". Nach einer Woche ruft Till den Rektor und seine Studenten zu sich.
Z. 51–70: Diesmal lässt Till den Hafer weg und der Esel ruft beim Blättern der Seiten jeweils die Buchstaben I und A. Till gibt das als Unterrichtserfolg aus, doch der Rektor und die Studenten wissen nun, dass Till umgekehrt sie hereingelegt hat.

3 Lösungswort: ESEL

Seite 16

4 **a/b:**
Z. 2–4: dass er [...] die Professoren und Studenten neckte: *Till möchte die Professoren und Studenten hereinlegen / an der Nase herumführen.*
Z. 15–17: sie [...] bugsierten das störrische Tier in den Gasthof: *Sie führten das widerspenstige Tier / den Esel zur Herberge.*
Z. 40–41: er übte es mit dem Esel wieder und wieder: *Till wiederholte die Übung mit dem Esel / mit dem Tier immer wieder.*
Z. 49–50: Und das ist ja [...] allerhand: *Das ist wirklich bemerkenswert / bereits sehr viel.*
Z. 58: schrie das Tier unaufhörlich: *Das Tier / Der Esel brüllte / lärmte ununterbrochen.*
Z. 65–66: dass ihn bald der Schlag traf: *woraufhin er wenig später verstarb.*
Z. 67: Scher dich ...!: *Verschwinde von hier! / Geh weg!*
Z. 68–69: Dann schnürte er sein Bündel: *Er packte seine Sachen zusammen und ging weg.*

5 z. B.: Till Eulenspiegel tat eine Weile so, als sei er ein großartiger Gelehrter, *der alles wisse und könne. An mehreren Universitäten legte er Professoren und Studenten herein.* ~~Das gelang ihm immer. Dann~~ *Eines Tages kam er auch nach Erfurt.* Dort sagte man sich ~~an der Uni~~, wir wollen *umgekehrt* ihn ~~hereinlegen~~ *an der Nase herumführen.* ~~Dann hatten die Professoren eine Idee~~: *Nach einigem Nachdenken beschloss man,* ~~Sie fragten~~ Till *solle* ~~kannst du~~ einem Esel das Lesen beibringen.~~?~~

6 z. B.: Eulenspiegel reiste von Universität zu Universität und gab sich als Gelehrter aus, um die Professoren und Studenten an der Nase herumzuführen. Er behauptete, alles zu wissen und zu können. Eines Tages kam er nach Erfurt, wo die Studenten und der Rektor beschlossen, umgekehrt Till hereinzulegen. Dazu erwarben sie einen Esel und führten ihn zu Eulenspiegel, um ihn zu fragen, ob er dem Esel das Lesen beibringen könne. Dieser bejahte und sagte, dass er dazu etwa 20 Jahre brauchen würde, wobei er hoffte, dass bis dahin der Rektor, der Esel oder er selbst längst verstorben seien und niemand mehr danach fragen würde. Der Rektor akzeptierte das und gab ihm sogar einen Vorschuss.
In einem Stall legte Eulenspiegel dem Esel ein Buch in die Futterkrippe und versteckte zwischen den einzelnen Seiten Hafer. Der Esel blätterte die Seiten um, fraß den Hafer und rief „I-a", sobald er keinen Hafer mehr fand. Das übte Till mit dem Tier eine Woche lang. Danach lud er den Rektor und seine Studenten ein, um sich von diesem Unterrichtsfortschritt zu überzeugen.
Dieses Mal aber legte er keinen Hafer zwischen die Buchseiten, sodass der Esel beim Durchblättern jedes Mal „I-a" rief. Daraufhin erklärte Eulenspiegel, dass der Esel bereits die Buchstaben I und A gelernt habe und er bald mit O und U beginnen könne.
Da merkten der Rektor und die Studenten, dass sie selbst hereingelegt worden waren, und verließen wütend den Stall. Der Rektor ärgerte sich sogar so sehr, dass er bald darauf verstarb. Eulenspiegel hingegen packte schnell seine Sachen zusammen und verschwand aus der Stadt.

Beschreiben

Seite 17

2 So oder so ähnlich sollte dein Steckbrief aussehen:
Tierart und Besonderheit: afrikanischer Elefant, schwerstes Landsäugetier
Größe und Gewicht: 3,20 bis 4 Meter (Größe), 5000 bis 7500 kg (Gewicht)
Aussehen: graue Lederhaut, große Ohren, langer Rüssel, lange, weiße Stoßzähne am Ansatz des Mauls, unterhalb der Stirn kleine, schwarze Augen (rechts und links vom Rüsselansatz), mächtiger, rundlicher Körper, vier säulenartige Beine, ca. 1 Meter langer Schwanz
weitere Informationen (z. B. Lebenserwartung, Nahrung): intelligent, können bis zu 60 Jahre alt werden, ernähren sich nur von Pflanzen, keine Feinde (außer Menschen)

Seite 18

1 **a + b** Du musst bei jedem Fachbegriff nur ein Adjektiv notiert haben. Hier sind manchmal mehrere Adjektive angegeben.

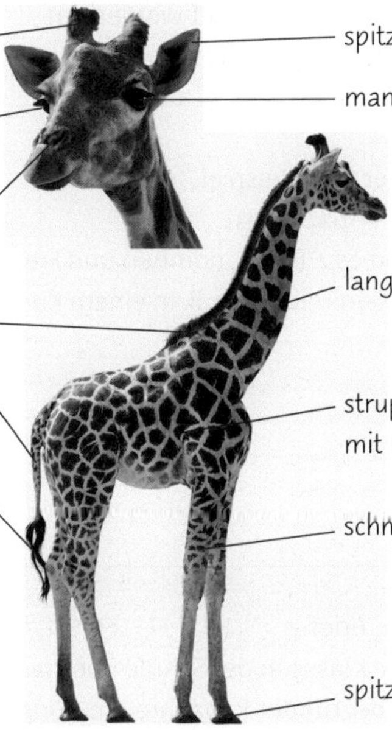

Seite 19

2 B Giraffenbulle (männliche Giraffe): 6 Meter Höhe, ungefähr 1600 Kilogramm Gewicht
G Giraffen sind die höchsten und langbeinigsten Tiere der Welt.
W Lebenserwartung in freier Wildbahn: 25 Jahre (im Zoo auch älter) – reine Pflanzenfresser – blaugraue Zunge, bis zu 50 Zentimeter lang (damit können Giraffen Blätter von den Bäumen pflücken)

3 So könnte dein Steckbrief zur Giraffe aussehen:
Name/Tierart: Giraffe
Besonderheit (Rekordmerkmal): höchstes, langbeinigstes Tier der Welt
Größe/Gewicht: 6 Meter hoch, ca. 1600 kg schwer (männliche Giraffe)
Aussehen
- **Körperbau:** langer, schmaler Hals mit rotbrauner Mähne, schmale, dünne Beine, schwarze Hufe, glatter Schwanz mit buschiger, schwarzer Quaste
- **Farbe und Muster des Fells:** gelbbraunes Fell mit rotbraunen Flecken
- **Kopfform, Ohren, Augen, Maul usw.:** zwei kleine Hörner, spitze Ohren, mandelförmige, dunkle Augen mit langen Wimpern, spitze Nüstern

weitere Informationen: Lebenserwartung in freier Wildbahn: 25 Jahre (im Zoo auch älter) – reine Pflanzenfresser – blaugraue Zunge, bis zu 50 Zentimeter lang (damit können Giraffen Blätter von den Bäumen pflücken)

4 So könnte deine Beschreibung lauten:

Das höchste Tier der Welt

Die Giraffe ist das höchste und langbeinigste Tier der Welt.

Ein ausgewachsener Giraffenbulle ist so groß wie ein zweistöckiges Haus und kann bis zu 6 Meter groß und knapp 1600 kg schwer werden. Auf der Rückseite des langen, schmalen Halses verläuft die kurze, rotbraune Mähne. Diese endet auf dem Rücken des Tieres. Das struppige, gelbbraune Fell der Giraffe ist gekennzeichnet durch rotbraune Flecken. Das Tier steht auf vier langen, dünnen Beinen mit spitzen Hufen. Die Giraffe besitzt außerdem einen glatten Schwanz mit einer buschigen, schwarzen Quaste. Die zwei kleine Hörner stehen zwischen den spitz zulaufenden Ohren auf dem Kopf der Giraffe. Sehr weit außen am Kopf sitzen die mandelförmigen, dunklen Augen, die von langen Wimpern umrahmt werden. Darunter befinden sich die spitzen Nüstern.

In freier Wildbahn können Giraffen bis zu 25 Jahre alt werden, im Zoo sogar noch älter. Giraffen sind reine Pflanzenfresser.

Darum ist die Beschreibung gelungen:
Überschrift sagt etwas über das Tier aus.
Einleitung nennt Tierart und seine Besonderheit.
Hauptteil beschreibt Größe, Gewicht und das Aussehen des Tieres (z. B. Farbe und Form der Körperteile).
- Treffende Adjektive und Fachbegriffe werden verwendet.
- Als Zeitform wird das Präsens verwendet.
- Der Text ist sachlich (ohne persönliche Wertungen) geschrieben.

Schluss nennt weitere Informationen, z. B. Lebenserwartung und Nahrung des Tieres.

5 Mögliche Lösung: Man beschreibt ein Tier zum Beispiel
- für eine Suchmeldung, wenn das Tier entlaufen ist.
- wenn man ein eigenes Tier besitzt und es z. B. Freundinnen und Freunden vorstellen möchte.
- wenn man ein besonderes Tier vorstellen möchte, z. B. in einem Kurzvortrag.

Argumentieren

Seite 20

2 **a** Folgende Meinung vertritt Rana in ihrem Brief:
- Beim nächsten Klassenausflug soll die Klasse in der Schule übernachten.

b Mit den folgenden beiden Argumenten begründet Rana ihre Meinung:
- Man hat mehr Zeit zum Spielen, denn die Klasse verbringt auch noch die Nacht zusammen.
- Man ist nicht abhängig vom Wetter.

c Folgenden Wunsch äußert Rana am Schluss ihres Briefes:
- Sie möchte, dass möglichst viele Schülerinnen und Schüler ihren Vorschlag für den Klassenausflug unterstützen.

Seite 21

4 weitere Vorschläge für den Klassenausflug sind:
- Zoobesuch (mit Führung und Picknick in der Mittagspause)
- Erlebnistag mit Floßbau

5 **a + b** Meinung, Argument, Einleitungswort für Argumente

Hanne: Ich würde gern in den Zoo fahren, weil man dort verschiedene Tiere kennenlernen kann und es außerdem noch einen riesengroßen Spielplatz gibt.
Karl: Ich finde einen Erlebnistag mit Floßbau viel besser.
Esther: Nein, ich wünsche mir einen echten Ausflug und Zoo finde ich einfach viel besser.
Colin: Wir sollten den Tag mit dem Floßbau ausprobieren. Denn so ein Ausflug wäre wirklich etwas ganz Neues und sogar ein echtes Abenteuer.

6 Mögliche Argumente für die Meinungen sind jeweils unterstrichen.

Unsere nächste Klassenfahrt sollte in den Kletterwald gehen,
- weil wir dort im Team etwas unternehmen.
- weil das Klettern Spaß macht und ein echtes Abenteuer ist.

Bei unserem Klassenausflug sollten wir in ein Spaßbad gehen,
- weil diese Fahrt auch bei schlechtem Wetter gut funktioniert.
- weil so ein Ausflug bestimmt allen Freude macht.

Seite 22

1 Hier findest du mögliche Argumente für das Streichen des Klassenraums. Zwei solltest du in deine Begründungshand aufgenommen haben:
- Das Klassenzimmer wird schöner.
- Man fühlt sich wohler (in einem schönen Klassenzimmer).
- Das (gemeinsame) Streichen macht Spaß.

2 Mögliche Lösung:
- Ich finde, wir sollten den Klassenraum neu streichen, weil das gemeinsame Streichen viel Spaß macht.
- Unser Klassenraum sollte neu gestrichen werden, denn man fühlt sich in einem schönen Klassenzimmer wohler.

Seite 23

3 **b**

	trifft zu	trifft nicht zu
In der Einleitung wird gesagt, um was es geht.	X	
Die Meinung wird klar formuliert.	X	
Die Meinung wird durch Argumente begründet.	X	
Die Meinung wird durch Argumente begründet..		X
Im Schluss wird ein Wunsch, ein Vorschlag oder eine Bitte formuliert..	X	

4 So oder so ähnlich sollte deine Überarbeitung lauten:

Calw, den 13.11.20..

Liebe Frau Greis,

wir sollten uns für unsere nächste Klassenratssitzung überlegen, wie man den Klassenraum verschönern kann.
Ich bin der Ansicht, dass wir den Klassenraum neu streichen sollten, denn die alte Farbe ist sehr fleckig. Außerdem denke ich, dass das gemeinsame Streichen der ganzen Klasse viel Spaß machen würde.
Ich würde mich freuen, wenn mein Vorschlag von vielen aus der Klasse unterstützt wird.

Viele Grüße

Konstantin

Darum ist der Text gelungen:

In der Einleitung wird gesagt, worum es geht.
Die Meinung wird klar formuliert.
Es werden zwei Argumente für die Meinung angeführt.
Zum Schluss wird ein Wunsch formuliert.

5 Möglicher Brief an die Lehrkraft für die Anschaffung von Nutzpflanzen:

Calw, den 13.11.20..

Liebe Frau Greis,

Sie haben uns nach Vorschlägen gefragt, wie man den Klassenraum verschönern kann.
Meiner Meinung nach sollten wir Blumenkästen mit Nutzpflanzen wie Tomaten oder Kräutern auf den Fensterbänken im Klassenraum aufstellen, weil sie den Klassenraum wohnlicher gestalten. Ein weiterer Grund ist, dass es Spaß macht zu sehen, wie die Pflanzen wachsen.
Ich würde mich freuen, wenn mein Vorschlag von vielen aus der Klasse unterstützt wird und in unserer nächsten Klassenratssitzung besprochen wird.

Viele Grüße

Lisa

Darum ist der Text gelungen:

In der Einleitung wird gesagt, worum es geht.
Die Meinung wird klar formuliert.
Es werden zwei Argumente für die Meinung angeführt.
Zum Schluss wird ein Wunsch formuliert.

Einen Sachtext lesen und verstehen

Seite 24

1 eigene Lösungen

2 eigene Lösungen

3 a **Mögliche Fragen:**
1 Wie löst die Krähe in der Fabel ihr Problem?
2 Wie schlau sind Krähen tatsächlich?
3 Wie wollen Wissenschaftlerinnen und Wissenschaftler prüfen, ob Krähen schlau sind?
4 Was müssen die Krähen tun?
5 Wie schlau sind Krähen im Vergleich zu Menschen?

b **Mögliche Schlüsselwörter:**
1 Fabel, fast verdursteten Krähe, halb vollen Wasserkrug, reicht, Schnabel nicht, Idee, Kieselsteine, Wasser verdrängen, steigt Wasserspiegel
2 wirklich, schlau, Universität in Neuseeland, entdeckt, Neukaledonische Krähe, Werkzeug, Angeln, nach Würmern und Larven stochern
3 Aufgaben lösen, neu, Krähenfabel, Leckerbissen auf einer Korkscheibe, Wasserspiegel, Versenken von Objekten, Höhe
4 ersten Experiment, Unterschied, schweren und leichten Gegenständen, lernten schnell, Wasserspiegel, Versenken von schweren Objekten, zweiten Versuch, glänzen, Wasserstand, hoch
5 Schluss, so schlau wie fünf- bis siebenjähriges Kind

c **Mögliche unbekannte Wörter:**
antik (Z. 1): aus der Antike, dem Altertum stammend
experimentieren (Z. 7): Experimente (Versuche) durchführen
meißeln (Z. 12): mit einem Meißel (Werkzeug aus Stahl) arbeiten
das Instrument (Z. 12): das Werkzeug
die Korkscheibe (Z. 18): eine Scheibe aus einer leichten und schwimmenden Baumrinde
das Objekt (Z. 20), hier: ein Gegenstand
der Physikkurs (Z. 31): Unterricht in einer Naturwissenschaft

Seite 26

4 a **Außer den Beispielen in der Aufgabe solltest du die folgenden Pronomen umkreisen:**
sie (Z. 3), ihr (Z. 3), Sie (Z. 3), sie (Z. 5), sich (Z. 5)
b „So“ (Z. 1) bezieht sich auf Geschichten von besonders klugen Tieren.
„Dadurch“ (Z. 4) bezieht sich darauf, dass Kieselsteine das Wasser verdrängen.
„So“ (Z. 5) bezieht sich darauf, dass die Krähe trinken kann.
c „Dabei“ (Z. 8) bezieht sich auf die Experimente mit den Vögeln.
„Dazu“ (Z. 11) bezieht sich auf das Basteln von eigenen Angeln.

5 So könnte deine Zusammenfassung lauten:

Der Wasserkrugtest
Wissenschaftlerinnen und Wissenschaftler stellten sich die Frage, wie schlau Krähen sind. Dabei ließen sie sich von einer alten Fabel anregen. In dieser füllt eine durstige Krähe einen halb vollen Wasserkrug mit Steinen. Dadurch steigt das Wasser so hoch, dass die Krähe es trinken kann. *Die Forschenden führten zwei Versuche durch, in denen die Krähen an kleine Leckerbissen kommen sollten. Dabei mussten sie jeweils den Wasserstand in einem Gefäß steigen lassen.* In beiden Fällen kamen die Krähen schnell zu der besten Lösung und bestätigten damit, dass sie sehr kluge Tiere sind. Die Forscherinnen und Forscher vergleichen ihren Verstand mit dem eines fünf- bis siebenjähriges Kindes.

Die Zusammenfassung beantwortet diese W-Fragen:
- **Wer?**
- Was?
- *Wie?*
- Welches Ergebnis?

6 a + b
B Hohe und niedrige Wasserstände (Z. 21–24)
A Schwere und leichte Gegenstände (Z. 24–25)
c Die Grafiken zeigen den Aufbau der beiden Wasserkrugtests.

7 Mögliche Formulierung:
Mit dem Wasserkrugtest kann man nachweisen, dass Krähen Zusammenhänge erkennen können.

Einen Erzähltext lesen und verstehen

Seite 28

2 **Knecht:** Diener, Untergebener
räumen: verlassen
Schalk: Schelm, Spitzbube
Gut: Besitz
heißen: befehlen
von dannen: von dort weg

3 1 = **N**; 2 = **E**; 3 = **L**; 4 = **U**; 5 = **E** Das Lösungswort lautet: **Eulen.**

4 **Richtig ist:** Till versteht das Wort „räumen“ absichtlich falsch.

5 Mögliche Zusammenfassung:

In der **Einleitung** der Schelmengeschichte erfährt man, dass Till für kurze Zeit bei einem Kaufmann in Hildesheim arbeitet. Dieser hält Till jedoch für einen Spitzbuben und befiehlt ihm, gleich am nächsten Tag das Haus zu räumen.
Im **Hauptteil** wird erzählt, dass Till sich an dem reichen Kaufmann rächen will. Deshalb überlegt er sich folgende List: Er versteht den Befehl „das Haus zu räumen“ absichtlich falsch und stellt die Möbel des Kaufmanns auf die Straße. Als der erboste Kaufmann ihn zur Rede stellt, erklärt Till, er habe doch nur seinen Befehl ausgeführt.
Zum **Schluss** geht Till seiner Wege und der Kaufmann muss seine Sachen unter dem Gelächter der Nachbarn wieder zurück in sein Haus schleppen.

Seite 29

6 a + b

Till Eulenspiegel
- ist erst kurz in Hildesheim
- ist ein Schelm
- ist arm, arbeitet als Knecht

wohnt bei ihm →
← wirft ihn raus
← ärgert sich über ihn
ist sein Knecht →
← ist sein Meister (Chef)
← nennt ihn Betrüger
rächt sich an ihm →
hält ihn für ungerecht →

Kaufmann
- ist reich
- ist ein angesehener Bürger
- lebt in Hildesheim

7 Mögliche Beschreibung der Figuren und ihrer Beziehungen:

In dieser Schelmengeschichte gibt es zwei Hauptfiguren, nämlich Till Eulenspiegel und den Kaufmann.
Über den Kaufmann erfährt man schon am Anfang der Geschichte, dass er in Hildesheim lebt und reich ist. Er möchte Till nicht mehr beschäftigen, weil er ihn für einen Betrüger hält. Till ärgert sich über den Kaufmann, weil dieser ihn auf die Straße setzt. Er ist jedoch ein Schelm und beschließt, sich an dem Kaufmann zu rächen, indem er einen Befehl absichtlich falsch versteht. Zum Schluss ärgert sich der Kaufmann über Tills Frechheit.

8 Mögliche Gedanken und Gefühle Tills:

Na, warte! Du lebst wie ein König und mich setzt du vor die Tür. Der meint wohl, es ist ein Spaß, bei jedem Wetter durch die Lande zu ziehen und kein festes Dach über dem Kopf zu haben. Wahrscheinlich will er sein ganzes Geld alleine genießen und sogar noch meinen Hungerlohn sparen. Das Haus soll ich räumen? Bitte schön! Das hat er nicht umsonst gesagt. Ich stelle sein ganzes Hab und Gut auf die Straße, genauso wie er mich auf die Straße setzt.

Ein Gedicht gestaltend vortragen

Seite 30

1 **b** Das Gedicht beschreibt die Situation in einer großen Pause auf dem Schulhof.
c Die passenden Begriffe sind: laut, fröhlich, hektisch, lustig, chaotisch.

2 a + b Insgesamt könnte das Gedicht recht schnell vorgetragen werden, denn die Schulpause vergeht wie im Flug. Das rahmende Wort „Pausenzeichen“ sollte besonders betont werden.
Darüber hinaus sind die folgenden sparsamen Markierungen möglich:

Siggi Gsell
Große Pause

Pausenzeichen |
Buch zuklappen
Tür auf raus
und Jacke schnappen

Schlange stehen
Brezel kaufen
essen trinken
schreien laufen

Gummi twisten
spielen springen
schubsen ärgern
Streit beginnen

weinen lachen
Streit vergessen
Sachen tauschen
Kräfte messen

Pausenzeichen |
rennen flitzen
rein ins Zimmer |
stille sitzen

Was kannst du schon? – Grammatik

Seite 31

1 größer – klein – winzig = Adjektive
der – eine – das = Artikel
Flug – Stern – Landung = Nomen
schwimmt – rennen – starten = Verben
mir – du – ihre = Pronomen
Hinweis zur Bewertung: Für jede richtige Wortartenbeschriftung bekommst du 1 Punkt.
Du kannst also insgesamt 5 Punkte erreichen.

2 Die richtigen Singularformen lauten: der Stern; das Raumschiff; die Reise; die Erfindung
Hinweis zur Bewertung: Für jede richtig gebildete Singularform erhältst du 1 Punkt.
Du kannst also insgesamt 4 Punkte erreichen.

3 a Die folgenden Verben solltest du im Text markiert haben: sahen, rief, zeigte, saß, rannte, konnte.
Hinweis zur Bewertung: Für jede richtig markierte Verbform (im Präteritum) bekommst du 1 Punkt.
Du kannst also insgesamt 6 Punkte erreichen.

b

Verben im Präteritum	Verben im Infinitiv (Grundform)
sahen, rief, zeigte, saß, rannte, konnte	sehen, rufen, zeigen, sitzen, rennen, können

Hinweis zur Bewertung: Für jede richtig gebildete Infinitivform bekommst du 1 Punkt.
Du kannst also insgesamt 6 Punkte erreichen.

Seite 32

4 a Das winzige Wesen war das kleinste Lebewesen, das ich je gesehen hatte, aber es sprach lauter als ein Mensch.
Hinweis zur Bewertung: Für jedes Adjektiv, das du in die richtige Tabellenspalte eingeordnet hast (siehe markierte Adjektive), bekommst du 1 Punkt. Du kannst also insgesamt 3 Punkte erreichen.

b

Positiv (Grundform)	**Komparativ** (1. Steigerungsstufe)	**Superlativ** (2. Steigerungsstufe)
winzige	winziger	am winzigsten
klein	kleiner	kleinste
laut	lauter	am lautesten

Hinweis zur Bewertung: Für das Ergänzen der übrigen Adjektivformen erhältst du für jede korrekte Form noch mal 1 Punkt.
Du kannst bei der Aufgabe 4 b also 6 Punkte erreichen.

5 Der Satz A beginnt mit dem Subjekt (Wir).
Das Objekt in Satz B steht im Akkusativ (unsere Sprache).
Der Satz C enthält vier Satzglieder (Mini – erzählte – uns – eine unglaubliche Geschichte).
Nach dem vierten Wort in Satz D fragst du mit: Wem?
Hinweis zur Bewertung: Für jede richtige Antwort bekommst du 1 Punkt.
Du kannst also insgesamt 4 Punkte erreichen.

6 Die Pronomen, die du in die Lücken schreiben musst, sind fett hervorgehoben.

Mini erzählte Lisa und **mir,** dass sie von einem fernen Planeten komme. Auf der Urlaubsreise zum Zwergplaneten Orcus sei **sie** vom Weg abgekommen. „**Mein** Raumschiff wurde plötzlich von einem Sog erfasst und in Richtung Erde geschleudert. So landete **ich** direkt hier vor **eurem/diesem** Haus", berichtete Mini mit aufgeregter Stimme. Sollten **wir** das wirklich glauben?

Hinweis zur Bewertung: Für jedes richtig eingesetzte Pronomen bekommst du 1 Punkt.
Du kannst also insgesamt 6 Punkte erreichen.

7 **a** Bei den Lösungen der Aufgaben 1 bis 6 (siehe oben) bekommst du jeweils einen Hinweis, wie du die Aufgabe auswerten kannst. Trage bei jeder Aufgabe deine Punktzahl ein.
b Wenn du weniger als die Hälfte der Punkte erreicht hast, bist du bei den Übungen noch unsicher.

Wortarten

Seite 33

1 Diese Nomen solltest du unterstrichen haben: Planeten, Geschöpf, Schreibtisch, Menschen, Erde, Himmelskörper, Leben, Winzling, Kamera, Nase, Bildschirm, Fotos, Zwergenvölker, Planeten.

2 **a + b** Die | außerirdische | Zwergin | erzählte | mir | eine | Menge | Geschichten, | zum | Beispiel | über | intergalaktische | Reisen | und | fremde | Sprachen | sowie | merkwürdige | Nahrungsmittel.

3 Die markierten Nomen (senkrecht und waagerecht zu lesen) sind in dem Wortgitter versteckt.
Sieben davon solltest du markiert haben.

D	K	E	S	O	N	N	E	G	L	A	C	H	A	U	J	A	D	U	M
I	I	R	A	B	E	N	T	E	U	E	R	A	L	T	A	Q	S	H	R
C	S	W	U	R	K	C	O	B	E	R	F	L	Ä	C	H	E	T	R	A
A	T	E	R	O	S	E	R	P	I	N	E	P	L	A	R	I	E	E	N
W	E	L	T	R	A	U	M	M	P	L	A	N	E	T	G	A	N	G	T
L	M	T	W	T	Ü	R	M	Z	W	E	R	G	E	M	O	N	A	T	W

Seite 34

4 a **die** Zeit, **der** Mond, **der** Sport, **der** Regen, **die** Tasche, **die** Maschine, **der** Schirm, **die** Landung
b die Zeitmaschine, die Mondlandung, die Sporttasche, der Regenschirm
c Der Artikel eines zusammengesetzten Nomens richtet sich nach dem zweiten Nomen, dem sogenannten Grundwort.

5 a Die Pluralformen lauten:
die Flüge, die Räder, die Bücher, die Menschen, die Hunde, die Fenster.
b Der Artikel im Nominativ Plural ist vom Genus des Nomens unabhängig und lautet immer „die".

6 Nomen, die nur im Plural vorkommen: die Ferien, die Leute

Seite 35

7 dem Expeditionsteam: Wem? – Dativ
die Forscher: Wer oder was? – Nominativ
das Raumschiff: Wen oder was? – Akkusativ
den Wissenschaftlern: Wem? – Dativ
der Erdlinge: Wessen? – Genitiv
die Erdbewohner: Wen? – Akkusativ

8 Die Artikel, die du zu den Nomen ergänzt haben solltest, sind fett gedruckt:
der Weltraumzwerge, **die** Zwergenschrift, **den** Klang, **der** Worte, **der** Universalübersetzer / **des** Universalübersetzers, **der** Technikerin, **die** Aussprache.

Seite 36

1 a + b Die Personalpronomen, die du in die Lücken eingesetzt haben solltest, sind fett gedruckt.
Personalpronomen und Nomen, auf das sich das Personalpronomen bezieht, sind gleich markiert.

Neulich hatte Leo einen lustigen Traum: Soll ich **ihn** erzählen? Leo war unterwegs ins Freibad, als er ein Raumschiff fand. Verlassen stand **es** mitten auf der Straße. Er näherte sich **ihm** vorsichtig. Plötzlich sprangen drei Männer aus dem Flugkörper und gaben Leo einen Schlüssel. Sie baten ihn mit dem Raumschiff loszufliegen, um einen magischen Ring zu finden. Leo sollte **ihn** im All suchen! „Beeil dich!, riefen **sie** noch und waren plötzlich weg.

2

Text	Korrektur
Meine Träume spielen häufig nicht auf ~~unsere~~ Planeten, sondern irgendwo im All.	unserem
Meine Mutter meint, ich schaue zu viel Science-Fiction-Filme. Das würde ~~meine~~	meiner
Fantasie schaden. Wie sehen denn eure Träume aus? Unsere Lehrerin hat es	
neulich in ~~ihre~~ Traum auf den Mond verschlagen. ~~Ihrem~~ Stimmung war am	ihrem, Ihre
nächsten Morgen nicht gut. Sie meinte, ihr sei dort oben viel zu langweilig	
gewesen. ~~Ihrer~~ Schülerinnen und Schüler hätten ihr gefehlt.	Ihre

Seite 37

1 Folgende Adjektive solltest du im Text markiert haben:
kleinen (Z. 1), grasgrünen (Z. 2), ältere (Z. 2–3), ungewöhnliche (Z. 4), fleischlosen (Z. 5), riesengroßen (Z. 6), blättrigen (Z. 6), kräftigen (Z. 7), gemütlichen (Z. 8–9), besten (Z. 10), wunderschöne (Z. 10), braunen (Z. 12), dicken (Z. 12), dünne (Z. 13), hellgrünen (Z. 14), langen (Z. 14), stillen (Z. 15–16), stummen (Z. 16),
lebendigen (Z. 17), große (Z. 18).

2 So könnte deine Beschreibung einer furchteinflößenden Floranierin lauten.
Die Adjektive sind im folgenden Text fett gedruckt.

Schon von Weitem sah ich sie: Die unbekannte Floranierin kam mit **schwerfälligen** Schritten auf mich zu. Sofort fielen mir ihre **finsteren** Augen auf, dann bemerkte ich ihre **krallenartigen** Hände. Ihr **hässlicher** Körper war eingehüllt in **schwarze** Gewänder, die bis auf den Boden fielen. Als sie näher kam, blickte ich in ihr **faltiges** Gesicht. Auffallend waren auch ihre **struppigen** Haare. Jetzt stand sie direkt vor mir und ein **scharfer** Geruch stieg mir in die Nase.

3 Individuelle Lösung

Seite 38

1 Die folgenden Vergleiche solltest du so oder so ähnlich aufgelistet haben:
Jeti hat mehr Beine als Flint.
Jeti ist schwerer als Flint.
Flint ist kleiner als Jeti.
Flint ist älter als Jeti.
Jeti hat einen größeren Mund als Flint.
Flint hat weniger Augen als Jeti.

2 Der Elefant ist **schwerer** als der Eisbär, aber **am schwersten** ist der Blauwal.
Das Känguru ist **schneller** als ein Löwe, aber **am schnellsten** ist der Gepard.
Ein Wal kann **lauter** sein als ein Wolf, aber **am lautesten** ist der Pistolenkrebs.

3 Der Steinadler ist im Sturzflug genauso schnell **wie** der Wanderfalke.
Bei den Vögeln sind die Geschwindigkeitsunterschiede viel größer **als** bei den Menschen.
Vögel erreichen Geschwindigkeiten von 320 km/h und sind schneller **als** Landtiere.

Seite 39

1 **a**

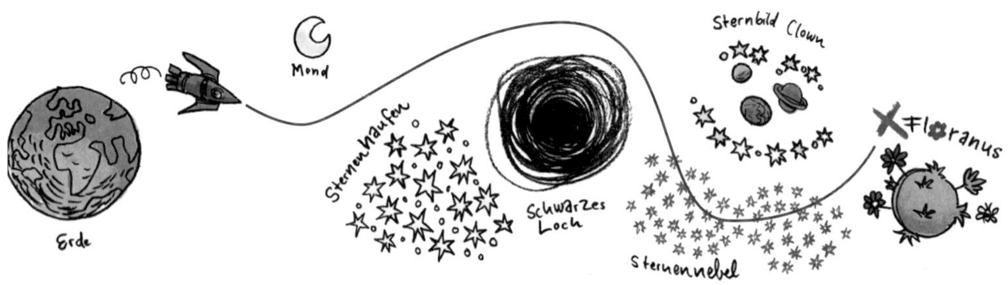

b Die folgenden Präpositionen solltest du im Text markiert haben:
Nach (Z. 1), **um** (Z. 1), **mit** (Z. 1), **von** (Z. 2), **in** (Z. 2), **unter** (Z. 3), **zwischen** (Z. 4), **vor** (Z. 5), **Trotz** (Z. 5), **durch** (Z. 5), **Aufgrund** (Z. 6), **mit** (Z. 6), **im** (Z. 7), **neben** (Z. 7), **Ohne** (Z. 7), **unter** (Z. 8).

2

örtliche Angabe (Wo? Wohin?)	**zeitliche Angabe** (Wann? Wie lange?)	**Angabe des Grundes** (Warum?)	**Angabe der Art und Weise** (Wie?)
– von (Z. 2) – in (Z. 2) – unter (Z. 3) – zwischen (Z. 4) – vor (Z. 5) – durch (Z. 5) – im (Z. 7) – neben (Z. 7) – unter (Z. 8)	– Nach (Z. 1) – um (Z. 1)	– Trotz (Z. 5) – Aufgrund (Z. 6)	– mit (Z. 1) – mit (Z. 6) – Ohne (Z. 7)

3 individuelle Lösung

Seite 40

1 Das Wort oder die Wortgruppen, die die Endung des Verbs bestimmen, stehen jeweils in Klammern.
(Die meisten Menschen) **denken** – (Ich) **weiß** – **beobachte** (ich) – (Du) **glaubst** – (Sie) **leben** –
(Dieser Planet) **besteht** – (Es) **duftet** – **gibt** (es) – (ich) **rieche** – **kennst** (du) – (Ein riesengroßer Gummibär)
herrscht – (Er) **trommelt** – (ein großes, buntes Durcheinander) **entsteht** – (Gummibärchen) **scheinen** – (Das) **sieht**

2 a ich lese, du liest, er/sie/es liest, wir lesen, ihr lest, sie lesen
ich vergesse, du vergisst, er/sie/es vergisst, wir vergessen, ihr vergesst, sie vergessen
ich esse, du isst, er/sie/es isst, wir essen, ihr esst, sie essen
ich nehme, du nimmst, er/sie/es nimmt, wir nehmen, ihr nehmt, sie nehmen

Seite 41

1 schlaf → schlaf!; bleib → bleib!; fahr → fahr!; lauf → lauft!; lies → lest!; zieh → zieht!

2 Diese oder ähnliche Imperative solltest du in den Sprechblasen notiert haben:
- Wach auf! – Steh bitte auf! – Werde wach!
- Gib mir das Fernrohr! – Leih mir das Fernrohr bitte aus!
- Steig in das Raumschiff ein und schließe die Tür! – Geh bitte rein und schließe die Tür!

3 So oder so ähnlich sollten deine Imperative lauten:
Schlaft gut! Schreibt uns bitte eine Karte! Nehmt die Jacken mit! Öffnet vorsichtig die Tür! Seht auf die Straße!
Fahrt vorsichtig!

Seite 42

Teste dich! Wortarten

1

Nomen	Verb	Adjektiv	Präposition	Artikel	Pronomen
Raumschiff	gibt	ungewöhnlichen, größter	über, mit, aus	eine, der	sie, Es, mein, unsere

Hinweis zur Bewertung: Für jedes richtig eingeordnete Wort bekommst du 1 Punkt.
Du kannst also insgesamt 13 Punkte erreichen.

2 alle Körper = Nominativ; ihre Schlafsäcke = Akkusativ; sie = Nominativ; des Weltraums = Genitiv;
den Astronauten = Dativ; alle Getränke = Akkusativ
Hinweis zur Bewertung: Für jede richtige Kasusbestimmung bekommst du 1 Punkt.
Du kannst also insgesamt 6 Punkte erreichen.

3 größter = Superlativ; interessant = Positiv (Grundform); längste = Superlativ
Hinweis zur Bewertung: Für jede richtige Lösung bekommst du 1 Punkt.
Du kannst also insgesamt 3 Punkte erreichen.

5 Halte = Imperativ Singular; halten = 3. Person Plural
Hinweis zur Bewertung: Für jede richtige Lösung bekommst du 1 Punkt.
Du kannst also insgesamt 2 Punkte erreichen.

Die Tempora (Zeitformen) der Verben

Seite 43

1 Folgende Verbformen solltest du im Text markiert haben:
bestaunen (Z. 1–2), schauen (Z. 2), sehen (Z. 4), machen ... aus (Z. 4), sind (Z. 5), erkennt (Z. 8), treibt ... auseinander (Z. 8), zunehmen (Z. 9), gibt (Z. 9), sorgt (Z. 10), ausdehnt (Z. 10), heißt (Z. 10).

2 (Astronauten) **sehen** sie als blauen Ball. (Sie) **fliegt** um die Sonne. — U **die Erde**
(Sie) **ist** ein riesengroßer, glühender Gasball. (Sie) **wärmt** uns. — U **die Sonne**
(Wir) **sehen** sie nur im Dunkeln als kleine Lichtpunkte. — U **die Sterne**

3 Morgen besuche ich eine Sternwarte. **(3)**
Sterne sind Kugeln aus leuchtendem Gas. **(2)**
Um die Erde kreist der Mond. **(2)**
Ich schaue in den Sternenhimmel. **(1)**

Seite 44

1 Im folgenden Text sind alle zehn Futurformen unterstrichen.

Weltraumberufe: Was werden Menschen im Jahr 3000 wohl machen?
Heutzutage untersuchen Geologinnen und Geologen den Aufbau und die Geschichte der Erde. Im Jahr 3000 wird es vielleicht Planetologinnen und Planetologen geben. Sie werden im Weltraum leben. Dort werden sie die Oberfläche neuer Planeten erforschen. Auch für die Biologinnen und Biologen wird es spannende Aufgaben geben, denn sie werden die außerirdische Pflanzenwelt entdecken. Architektinnen und Architekten werden riesige Weltraumstädte entwerfen und dort werden Menschen in schwebenden Wohnungen leben. Die Planung von Spielplätzen wird besonders kniffelig werden. Denn welche Rutsche wird ohne Schwerkraft funktionieren? Aber Hüpfburgen werden sicherlich viel Spaß machen.

2 **a** Dr. Andromix **wird** neue, unbekannte Galaxien **entdecken.**
Die Mac-Zwillinge **werden** im Weltraumzoo **arbeiten.** Sie **werden** den Besuchern dort Merkur-Männchen und Pluto-Ferkel **zeigen.**
b Individuelle Lösung

3 Mögliche Lösung:
Bald / In 100 Jahren / In naher Zukunft lade ich dich in mein Weltraumrestaurant ein.
Hinweis: Wenn man mit dem Präsens etwas Zukünftiges ausdrücken möchte, verwendet man meist eine Zeitangabe, hier: Bald / In 100 Jahren / In naher Zukunft.

Seite 45

1 Die Verben in der Zeitform Perfekt sind im Text unterstrichen.

Interview mit einem Astrophysiker
Frage: Als Astrophysiker erforschen Sie den Weltraum und untersuchen zum Beispiel die Entstehung der Sterne. Warum sind Sie eigentlich Astrophysiker geworden?
Matthias Grupp: Der Weltraum hat mich schon als Kind begeistert. Mit dem Fernrohr meines Vaters habe ich den Himmel beobachtet und mir viele Fragen gestellt, zum Beispiel: Warum ist eigentlich noch nie ein Stern vom Himmel gefallen? Und natürlich habe ich 1969 die erste Mondlandung im Fernsehen verfolgt.
Frage: Die Mondlandung haben ungefähr 600 Millionen Menschen gesehen, aber die meisten haben dann doch gewöhnliche Berufe wie Bäcker oder Lehrerin gewählt. Sie haben das aber nicht getan. Warum?
Matthias Grupp: Ja, da ist wohl einiges mehr hinzugekommen. In der Schule haben mich die Fragen aus dem Physikunterricht besonders interessiert, zum Beispiel: Warum erscheint der Mond manchmal als Vollmond und manchmal als Sichel? Was ist die Milchstraße? Später habe ich dann Physik und Astrophysik studiert.

2 Die <u>Verben in der Zeitform Perfekt</u> sind im Text <u>unterstrichen</u>.

Frage: Was <u>haben</u> Sie bisher als Astrophysiker <u>erforscht</u>?
Matthias Grupp: Ich <u>habe</u> in den letzten Jahren die Größe, das Alter und die Zusammensetzung von Sternen <u>untersucht</u>. Dafür <u>bin</u> ich vor drei Monaten sogar nach Südamerika <u>geflogen</u>. Denn in der Atacama-Wüste in Chile <u>haben</u> Spezialisten die größten Fernrohre der Welt <u>entwickelt</u>.
Frage: <u>Sind</u> Sie nur wegen der Sterne in die chilenische Wüste <u>gereist</u>?
Matthias Grupp: Ja. Ich <u>habe</u> genau das <u>gemacht</u>. Weil der chilenische Himmel zu den klarsten und dunkelsten der Welt zählt, <u>habe</u> ich dort zusammen mit einem Forschungsteam jede Nacht vor dem Fernrohr <u>gesessen</u>.

Seite 46

1 **a + b**

Präteritum (Vergangenheitsform)	**Präsens (Gegenwartsform)**	**Infinitiv (Grundform)**	regelmäßig	unregelmäßig
er br**a**chte	er br**i**ngt	br**i**ngen		X
sie l**a**s	sie l**ie**st	l**e**sen		X
sie tr**u**gen	sie tr**a**gen	tr**a**gen		X
ich f**a**nd	ich f**i**nde	f**i**nden		X
er m**e**rkte	er m**e**rkt	m**e**rken	X	
sie h**a**lfen	sie h**e**lfen	h**e**lfen		X

2 Folgende Verben in der Zeitform Präteritum solltest du eingesetzt haben:
hatte (Z. 3), sah (Z. 3), hing (Z. 4), zog (Z. 4), entstanden (Z. 6), nannte (Z. 6).

Seite 47

2 Die 18 **Verbformen**, die **im Präteritum** stehen müssen, sind fett gedruckt, durchgestrichen und korrigiert.
Alle anderen Verbformen müssen im Präsens stehen, weil sie etwas ausdrucken, was immer so ist.

Naturschauspiel Sonnenfinsternis
In der letzten Woche, am 23 August, ~~findet~~ **fand** in Deutschland eine Sonnenfinsternis statt. Eine Sonnenfinsternis entsteht immer dann, wenn Sonne, Mond und Erde auf einer Linie stehen, also die Sonnenstrahlen auf den Mond fallen und der Mond seinen Schatten auf die Erdoberfläche wirft. Dieses Naturschauspiel ~~wollen~~ **wollten** wir gemeinsam erleben und ~~fahren~~ **fuhren** deshalb zu einer Sternwarte. Bei der Abfahrt um 7 Uhr morgens ~~sind~~ **waren** wir alle noch sehr müde. Zu allem Überfluss ~~ist~~ **war** auch der Himmel an diesem Morgen sehr trüb. Himmelsbeobachtungen sind aber nur bei klarem Wetter möglich. Und so ~~hoffen~~ **hofften** wir alle auf besseres Wetter. Und tatsächlich: Um 7 Uhr ~~wird~~ **wurde** der Himmel hell und klar. In der Sternwarte ~~bekommt~~ **bekam** jeder von uns eine Spezialbrille. Um 9:39 ~~geht~~ **ging** es dann richtig los: Der Mond ~~schiebt~~ **schob** sich langsam vor die Sonne. Um 12:36 ~~stehen~~ **standen** wir komplett im Dunkeln. Der Mond ~~verdeckt~~ **verdeckte** die Sonne und es ~~wird~~ **wurde** wegen der fehlenden Sonnenstrahlen etwas kühler. Einige von uns ~~beobachten~~ **beobachteten** die Sonnenfinsternis durch die Fernrohre der Sternwarte. Sie ~~haben~~ **hatten** so bestimmt die beste Sicht auf die verdunkelte Sonne. Um 12:40 Uhr ~~endet~~ **endete** dann das Schauspiel und es ~~wird~~ **wurde** wieder hell. Nach diesem fantastischen Naturerlebnis ~~fahren~~ **fuhren** wir um 15 Uhr voller neuer Eindrücke wieder nach Hause.

Seite 48

1 **a** A Nachdem der italienische Mathematiker Galileo Galilei von der Erfindung des Fernrohrs gehört hatte **(1),** baute er ein solches Fernrohr nach **(2).**
B Galilei entdeckte die vier größten Monde des Planeten Jupiter **(2),** nachdem er mehrere Wochen lang den Sternenhimmel beobachtet hatte **(1).**
b Der Tipp trifft für beide Sätze zu.

2 Nachdem der Sternenforscher Giovanni Schiaparelli 1877 auf dem Mars lange, dunkle Linien **entdeckt hatte, nannte** man diese Linien Marskanäle und **deutete** sie als Bauwerke von Marsmenschen. Lange glaubte man, dass es Leben auf dem Mars gibt. Von dieser Idee **verabschiedeten** man sich in der Wissenschaft erst, nachdem 1965 die US-Sonde „Mariner 4" Fotos vom Mars **gemacht hatte.**

3 A **Nachdem** im Jahr 2016 die Marssonde „Schiaparelli" **abgestürzt war, rätselte** man lange über die Ursachen des Absturzes.
B **Nachdem** sich die Sonde durch einen Computerfehler viel zu früh von ihrem Fallschirm **befreit hatte, stürzte** sie **ab.**
C **Nachdem** die Sonde mit einer Geschwindigkeit von 540 km/h ungebremst auf die Marsoberfläche **gefallen war, zeigten** Bilder die Einschlagstelle der Marssonde.

Seite 49

Teste dich! Die Tempora (Zeitformen) der Verben

1 a **Sind** Sie auf der Suche nach einem galaktischen Job? Als Planetenbeschützer/-in **stoppen** Sie die Verunreinigung des Weltraums inklusive unserer Erde. Wie Sie das **machen**? Sie **verhindern** bei Weltraumflügen das Mitbringen von Schadstoffen auf die Erde. Und umgekehrt **unterbinden** Sie den Transport von menschlichen Keimen ins All. Erforderlich für den Beruf **ist** ein Mathematik- oder Physikstudium.
Hinweis zur Bewertung: Für jede richtige Markierung bekommst du 1 Punkt.
Du kannst also insgesamt 6 Punkte erreichen.
b Der Text steht in der Zeitform **Präsens.**
Hinweis zur Bewertung: Für die Nennung der Zeitform Präsens bekommst du 1 Punkt.

2 Die folgenden Verbformen solltest du in den Text eingesetzt haben:
gibt (Präsens), **las** (Präteritum), **bewarb** (Präteritum), **schrieb** (Präteritum), **habe** ... **gesehen** (Perfekt), **bin** (Präsens), **kann** (Präsens), **unterzeichnete** (Präteritum), **gelesen hatte** (Plusquamperfekt), **verfasste** (Präteritum).
Hinweis zur Bewertung: Für jede richtige Verbform bekommst du 1 Punkt.
Du kannst also insgesamt 10 Punkte erreichen.

3 Vielleicht **wird** Jack später wirklich bei der NASA als Planetenbeschützer **arbeiten.**
Hinweis zur Bewertung: Für die Umformung in die Zeitform Futur bekommst du 1 Punkt.

Seite 50

1

Vorfeld	linke Satzklammer	Mittelfeld	rechte Satzklammer	Nachfeld
Der Schriftsteller E. P. Mitchell	hat	Im Jahr 1881 als erste Kurzgeschichte mit einer Zeitreise „Die Uhr, die rückwärtsläuft" in der Zeitschrift The Sun	veröffentlicht.	
Im Jahr 1881	hat	der Schriftsteller E. P. Mitchell als erste Kurzgeschichte mit einer Zeitreise „Die Uhr, die rückwärtsläuft" in der Zeitschrift The Sun	veröffentlicht.	
Als erste Kurzgeschichte mit einer Zeitreise	hat	der Schriftsteller E. P. Mitchell im Jahr 1881 „Die Uhr, die rückwärtsläuft" in der Zeitschrift The Sun	veröffentlicht.	
In der Zeitschrift The Sun	hat	der Schriftsteller E. P. Mitchell im Jahr 1881 als erste Kurzgeschichte mit einer Zeitreise „Die Uhr, die rückwärtsläuft"	veröffentlicht.	

Seite 51

1

Vorfeld	linke Satzklammer	Mittelfeld	rechte Satzklammer	Nachfeld
Zeitreisen	stellen	ein Abenteuer in der Zeit	dar	
Viele Menschen	würden	gern in der Zeit	reisen	zu weit entfernten Ereignissen in der Vergangenheit oder in der Zukunft.
Man	könnte	die Dinosaurier	besuchen	in ihren urzeitlichen Landschaften.
Andere	würden	eine ferne Zukunft	bevorzugen	mit ihren unglaublichen Erfindungen.
In der Wissenschaft	werden	als unmöglich	erachtet	aufgrund der Gesetze der Physik.
Die Idee der Zeitreise	bleibt	für viele jedoch weiterhin	faszinierend	allein der Fantasie wegen.

3 a Zeitreisen sind im Science-Fiction beliebt. Sie können die Fantasie beflügeln im Hinblick auf die Vergangenheit oder Zukunft. Zeitreisen werden gegenwärtig allerdings als undurchführbar erachtet. Sie finden vorerst nur im Kopf, auf Bildern, in Filmen oder in der Literatur statt.

b

Vorfeld	linke Sk	Mittelfeld	rechte Sk	Nachfeld
Zeitreisen	sind	im Science-Fiction	beliebt.	
Im Science-Fiction	sind	Zeitreisen.	beliebt.	
Sie	können	die Fantasie	beflügeln	im Hinblick auf die Vergangenheit oder Zukunft.
Die Fantasie	können	sie	beflügeln	Im Hinblick auf die Vergangenheit oder Zukunft.
Im Hinblick auf die Vergangenheit oder Zukunft	können	sie die Fantasie	beflügeln.	
Zeitreisen	werden	gegenwärtig allerdings als undurchführbar	erachtet.	
Gegenwärtig	werden	Zeitreisen allerdings als undurchführbar	erachtet.	
Allerdings	werden	Zeitreisen gegenwärtig als undurchführbar	erachtet.	
Als undurchführbar	werden	Zeitreisen gegenwärtig	erachtet.	
Sie	finden	nur im Kopf, auf Bildern, in Filmen oder in der Literatur	statt.	
Nur im Kopf, auf Bildern, in Filmen oder in der Literatur	finden	sie vorerst	statt.	
Vorerst	finden	sie nur im Kopf, auf Bildern, in Filmen oder in der Literatur	statt.	
Sie	finden	vorerst nur	statt	im Kopf, auf Bildern, in ...

c Beipiel:
Im Science-Fiction sind Zeitreisen beliebt. Im Hinblick auf die Vergangenheit oder Zukunft können sie die Fantasie beflügeln. Zeitreisen werden gegenwärtig allerdings als undurchführbar erachtet. Vorerst finden sie nur im Kopf, auf Bildern, in Filmen oder in der Literatur statt.

Satzglieder

Seite 52

1 Einen der folgenden Sätze solltest du formuliert haben:

Das Abenteuer beginnt heute Abend in der alten Garage.
Das Abenteuer beginnt in der alten Garage heute Abend.
Heute Abend beginnt das Abenteuer in der alten Garage.
Heute Abend beginnt in der alten Garage das Abenteuer.
In der alten Garage beginnt heute Abend das Abenteuer.
In der alten Garage beginnt das Abenteuer heute Abend.

2 **a + b** Von den hier aufgelisteten Möglichkeiten solltest du drei notiert haben. Die einzelnen Satzglieder sind umkreist.

(Das Abenteuer) (beginnt) (heute Abend) (in der alten Garage.)
(Das Abenteuer) (beginnt) (in der alten Garage) (heute Abend.)
(Heute Abend) (beginnt) (das Abenteuer) (in der alten Garage.)
(Heute Abend) (beginnt) (in der alten Garage) (das Abenteuer.)
(In der alten Garage) (beginnt) (heute Abend) (das Abenteuer.)
(In der alten Garage) (beginnt) (das Abenteuer) (heute Abend.)

3 C [Nach fünf Minuten] [entdecken] [sie] [im Regal] [eine Zeitmaschine.]
A [Paul] [wartet] [ungeduldig] [auf seine Freundin.]
B [Paul und Louisa] [gehen] [in die Garage.]

Seite 53

1 **a + b** So könnten deine Beispielsätze lauten.
Das **Prädikat** bleibt bei allen Umstellungen an der zweiten Satzgliedstelle.

Paul und Louisa (füttern) die Zeitmaschine mit Jahr und Ort der Landung.
Die Zeitmaschine (füttern) Paul und Louisa mit Jahr und Ort der Landung.
Mit Jahr und Ort der Landung (füttern) Paul und Louisa die Zeitmaschine.

2
- Louisa und Paul (sind) mit der Zeitmaschine in der Steinzeit (angekommen.)
- In dieser Zeit (stellte) man alle Waffen und Werkzeuge aus Stein (her.)
- In der Steinzeit (lebten) die Menschen als Bauern und Viehzüchter an einem Ort.
- Die wichtigste Errungenschaft in dieser Zeit (war) die Entdeckung des Feuers.
- Es (diente) zum Erhitzen des Essens und als Schutz gegen wilde Tiere.
- In der Steinzeit (sind) die Menschen nicht einfach zum Arzt (gegangen.)
- Stattdessen (fertigten) sie aus Heilkräutern Salben und Tees (an.)

3 So oder so ähnlich könnten deine Sätze lauten. Die (Personalform des Verbs) ist (umrahmt), der <u>restliche Teil des Prädikats</u> ist unterstrichen.
Der Formel-1-Favorit (gab) nach der ersten Runde <u>auf</u>.
Der Astronaut (kam) nach einem Jahr aus dem All <u>zurück</u>.

Seite 54

1 Wer oder was steht bei unserer Reise mit der Zeitmaschine ganz oben auf der Liste? → **die Zeit des alten Ägyptens** (Subjekt)
Wer oder was betrieb einen aufwendigen und geheimnisvollen Totenkult? → **die alten Ägypter** (Subjekt)
Wer oder was konnte nur in einem unversehrten Körper weiterleben? → **die Seele eines Menschen** (Subjekt)
Wer oder was mumifizierte die Verstorbenen in einem speziellen Verfahren? → **die Ägypter** (Subjekt)
Wer oder was legte dem Toten für das Leben im Jenseits auch Kleidung, Möbel und Nahrung mit ins Grab?
U **die Angehörigen** (Subjekt)

2 Wenn das Subjekt im Plural (Mehrzahl) steht, muss auch das Prädikat im Plural stehen. Wenn das Subjekt im Singular (Einzahl) steht, muss auch das Prädikat im Singular (Einzahl) stehen. Die korrigierten **Prädikate** sind fett gedruckt. Die *Subjekte*, nach denen sich die Prädikate richten, sind im folgenden Text kursiv gesetzt:

Warum gab es im alten Ägypten Pyramiden? *Den Ägyptern* ~~**war**~~ **waren** ihre Könige so wichtig, dass sie ihnen riesige Grabstätten, die Pyramiden, bauten. *Der Weg* zur Grabkammer des Königs ~~**führen**~~ **führt** durch dunkle Tunnel und geheime Gänge. *Keine Grabräuber* ~~**sollte**~~ **sollten** die letzte Ruhestätte des Pharaos stören. Deshalb ~~**waren**~~ **war** auch *der Eingang* zur Pyramide versteckt.

Seite 55

1 ein neues Ziel → **Frage:** Wen oder was suchen sie? **Art des Objekts:** Akkusativobjekt
einem berühmten Genie → **Frage:** Wem würde Paul gerne begegnen? **Art des Objekts:** Dativobjekt
Louisa → **Frage:** Wen oder was lockt Italien? **Art des Objekts:** Akkusativobjekt
die alten Gebäude → **Frage:** Wen oder was hat ihr Vater ihr gezeigt? **Art des Objekts:** Akkusativobjekt
Leonardo da Vinci → **Frage:** Wem werden sie einen Besuch abstatten? **Art des Objekts:** Dativobjekt

2 So sind die Satzglieder hier gekennzeichnet: Akkusativobjekte, Dativobjekte.

Louisa und Paul starten die Maschine. Sie winken der gegenwärtigen Welt, dann geht es los. Wie immer haben sie niemandem ihr Ziel verraten. Am Bordcomputer geben sie Florenz und die Jahreszahl 1472 ein.
In diesem Jahr wird ihnen der italienische Maler und Erfinder Leonardo da Vinci begegnen. „Ob er damals schon sein berühmtes Gemälde ‚Mona Lisa' im Kopf hatte?", überlegt Louisa laut. „Vielleicht zeigt er uns sogar seine Fluggerät-Pläne? Er hatte doch auch den Traum vom Fliegen und entwickelte verschiedene Flugmaschinen", sagt Paul. Am Display der Zeitmaschine sieht Paul die Jahreszahlen: 21. Jahrhundert, 20. Jahrhundert, 19. Jahrhundert, 18. Jahrhundert, 17. Jahrhundert ...

Seite 56

3 Die **Objekte,** die du in die Lücken einsetzen musst, sind fett gedruckt.
- In Florenz finden die beiden **den Künstler Leonardo (A)** erst gar nicht.
- Sie begegnen **dem Künstler Leonardo (D)** in einem Leichenhaus.
- Leonardo: „Ich möchte, dass die Figuren auf meinen Bildern **dem menschlichen Körper (D)** ähnlich sind.
- Deshalb muss ich **den menschlichen Körper (A)** genau kennen.
- Aber ehrlich gesagt, beobachte ich noch genauer **die Vögel (A).**
- Es muss doch möglich sein, **den Vögeln (D)** das Fliegen abzugucken."
- Paul erkennt in diesem Moment **den genialen Erfinder (A).**
- Einige Jahre später wird es **dem genialen Erfinder (D)** tatsächlich gelingen, die Zeichnung eines funktionstüchtigen Fluggeräts anzufertigen.

4 So oder so ähnlich sollten deine Sätze lauten:
- Leonardo da Vinci verrät **den beiden** (Dativobjekt) **seine neuesten Ideen** (Akkusativobjekt).
- Paul wünscht **dem Künstler** (Dativobjekt) **Erfolg** (Akkusativobjekt).
- Leonardo zeigt **seinen Gästen** (Dativobjekt) **seine ersten Kunstwerke** (Akkusativobjekt).
- Der Erfinder schenkt **den Kindern** (Dativobjekt) **eine Skizze der „Mona Lisa"** (Akkusativobjekt).

5 a

Verben mit Dativobjekt	Verben mit Akkusativobjekt
helfen, gehören, glauben, gratulieren	erkennen, begrüßen

b Hier findest du eine Auswahl an Verben, die du in den Kästen ergänzen könntest:

Diese Verben fordern ein Dativobjekt (Frage: Wem ...?)	**Diese Verben fordern ein Akkusativobjekt** (Frage: Wen oder was ...?)
gefallen, passen, schmecken, antworten, begegnen, danken	hassen, nutzen, riechen, spielen, ansehen, bauen

Seite 57

1
- zu den Wikingern: Fragewort: **Wohin?** → **adverbiale Bestimmung des Ortes**
- wegen ihrer Raubzüge: Fragewort: **Warum? Weshalb?** → **adverbiale Bestimmung des Grundes**
- Zwischen dem 8. und 11. Jahrhundert: Fragewort: **Wann?** → **adverbiale Bestimmung der Zeit**
- mit einer Furcht erregenden Kriegsbemalung: Fragewort: **Wie? Auf welche Weise? Womit?** → **adverbiale Bestimmung der Art und Weise**
- aufgrund seines Namens: Fragewort: **Warum? Weshalb?** → **adverbiale Bestimmung des Grundes**

Seite 58

2 So oder so ähnlich könnte deine Geschichte lauten.
Die **adverbialen Bestimmungen** sind im Text fett gedruckt.

Neugierig verlassen Louisa und Paul ihre Zeitmaschine. Sie blicken sich um und sehen eine steile Gebirgskette, die sich im Meer spiegelt. „Wir befinden uns **im Land der Wikinger"**, ruft Louisa **aufgeregt.** „Und **im Hafen** sehe ich die riesigen Wikingerschiffe." Als die beiden **dort** ankommen, hören sie ein lautes, tiefes Gelächter. „Wer seid ihr Winzlinge?" Ein bärtiger Nordmann baut sich **blitzschnell** vor ihnen auf. Paul und Louisa bleibt **vor lauter Schreck** der Mund offen stehen. „Ho, ho", dröhnt der Wikingerkönig. „Ich bin Ivan der Knochenlose und ihr sollt meine Gäste sein." **Kurze Zeit später** stehen Paul und Louisa **auf dem Deck des Drachenbootes.** Der Wikinger erklärt ihnen, dass die riesigen Segel weder Regen noch Wind durchlassen, weil sie mit Tierfett behandelt sind. „Weht kein Wind, kommen die Ruder zum Einsatz", erklärt Ivan und zeigt auf die beiden Ruderreihen. „Unsere Schiffe sind **wegen ihrer leichten Bauweise** sehr schnell", erzählt Ivan **voller Stolz.** Ob die Kinder dem Wikingerkönig **später** ihr Gefährt zeigen sollen? Wird er verstehen, wer sie sind und woher sie kommen?

Seite 59

1 Nominalgruppen und **Adjektivgruppen**:
Die mit Abstand längste Jahreszeit auf dem Planeten Fantasio ist der Winter. **Herrlich weiß und pulvrig** liegt der Schnee auf allem. Das Umgehen der oft kilometerhohen Schneemassen ist eine richtig schwierige Aufgabe. **Eiskalt und oftmals windig** sind die Wintermonate natürlich auch. Deshalb liegt das größte Einkaufs- und Vergnügungszentrum des Planeten auch **unterirdisch und somit gut geschützt und warm beheizt**. Viele Leute auf Fantasio besitzen ein flottes Schneemobil. Wenn die Straßen **verschneit oder vereist** sind, kommen sie damit **schnell und sicher** zum nächsten Ziel. Die offizielle Hymne Fantasios ist passenderweise ein Lied mit dem Titel „Mein Planet, das ist der Winter".

2 **a/b** eigene Lösungen

Seite 60

3 Präpositionalgruppen *(Kasus)*: über *den* Gefrierpunkt; aus *ihrem* Winterschlaf; mit *einem* Besuch in *einer* Gaumenhütte; an *einem warmen* Ofen; trotz der Kälte; auf *den* Schnee; mit *einem* Stiel; Nach *dem* Essen; auf *einer fliegenden* Unterasse; an *einem* Seil

4 Präpositionalgruppen: kleiner als die Erde; groß wie der Mond; wie ein Schneeball; als einen besonderen Ort an; wie ein riesiges Wintersportgebiet; kälter als bei uns; kalt wie in der Arktis

Seite 61

1 So oder so ähnlich könnten die Satzanfänge gestaltet sein:

Nun wollen Louisa und Paul etwas Neues wagen. Nach ihren spannenden Ausflügen in die Vergangenheit möchten sie eine Reise in die Zukunft antreten. Hierzu müssen Louisa und Paul den Antrieb der Zeitmaschine auf Warpgeschwindigkeit erhöhen. Sie treffen sich nachts in der Garage und basteln gemeinsam an dem neuen Programm für den Bordcomputer. Um 05:45 Uhr empfangen Louisa und Paul das Signal „Warpfaktor 1".

2 **a +b** Die Wiederholungen im Text sind markiert.
Die Wiederholungen, die ersetzt wurden, findest du in der rechten Randspalte.

Langsam kommt die Maschine zum Stehen. Die beiden steigen ~~**aus der Maschine aus**~~. Wo sind ~~**die beiden**~~ gelandet?	sie
Hier scheint es überhaupt keine Menschen zu geben. Stattdessen prägen Roboter das Bild. Emsig stiefeln ~~**Roboter**~~ durch die Straßen und das Knacken und Piepen ~~**der Roboter**~~ ersetzt das Geräusch menschlicher Gespräche.	sie
Aber es muss doch irgendwo auch jemanden geben, der diese Roboter programmiert? Nach langem Suchen entdecken Louisa und Paul ein großes, rundes Gebäude voller Menschen. ~~**In dem runden Gebäude**~~ sieht es aus wie im Schlaraffenland.	Dort/Hier
Und selbstverständlich arbeiten auch hier nur die Roboter. In Windeseile liefern ~~**die Roboter**~~ kleine Leckerbissen, ~~**die Roboter**~~ servieren Getränke und ~~**die Roboter**~~ schaukeln Hängematten, in denen die Menschen wie Faultiere herumliegen.	sie
Vergeblich suchen Louisa und Paul einen Ort zum Lernen. Plötzlich entdecken sie etwas Interessantes: eine Schule für Roboter. ~~**Roboter**~~ scheinen hier auch noch das Lernen zu übernehmen. Wirklich ein wahres Paradies!	Sie

Seite 62

Teste dich! – Satzglieder

1 A Das Subjekt gibt an, **wer oder was etwas tut.**
B Nach dem Akkusativobjekt fragt man mit: **Wen oder was ...?**
C Es gibt adverbiale Bestimmungen **aus einem Wort / aus zwei Wörtern / aus drei Wörtern.**

Hinweis zur Bewertung: Für jede richtige Antwort bekommst du 1 Punkt.
Du kannst also insgesamt 5 Punkte erreichen.

2
- Nach ihrer Zeitreise in die Zukunft: **Fragewort:** Wann? **Satzglied:** adverbiale Bestimmung der Zeit
- den Bordcomputer: **Fragewort:** Wen oder was? **Satzglied:** Akkusativobjekt
- Mit großem Getöse: **Fragewort:** Wie? Auf welche Weise? **Satzglied:** adverbiale Bestimmung der Art und Weise
- Die beiden: **Fragewort:** Wer oder was? **Satzglied:** Subjekt
- Diese Geräusche: **Fragewort:** Wen oder was? **Satzglied:** Akkusativobjekt

Hinweis zur Bewertung: Für jedes richtige Fragewort und jedes richtige Satzglied bekommst du 1 Punkt.
Du kannst also insgesamt 10 Punkte erreichen.

3 Die **vorgegebenen Satzglieder,** die du markieren sollst, sind hier fett gedruckt.

Subjekt	Schlagartig kommt **die Maschine** zum Stillstand.
Prädikat	Durch die Fenster **sehen** Louisa und Paul einen Dinosaurier.
Adverbiale Best. der Art und Weise	**Verzweifelt** aktivieren sie die Warpgeschwindigkeit.
Adverbiale Best. der Zeit	**Nach quälenden Sekunden** reisen sie weiter in Richtung Gegenwart.
Akkusativobjekt	Kaum angekommen betätigen sie **den Schleudersitz.**
Adverbiale Best. des Ortes	Mit einem ohrenbetäubenden Knall explodiert **unter ihnen** das Gefährt.

Hinweis zur Bewertung: Für jedes richtig markierte Satzglied bekommst du 1 Punkt.
Du kannst also insgesamt 6 Punkte erreichen.

Satzarten unterscheiden

Seite 63

1 **a + b Ferdinand Lutz: Q-R-T – Der neue Nachbar**

- Der Außerirdische Q-R-T sieht wie ein normaler Junge aus, | (aber)/(doch) er ist schon 122 Jahre alt.
- Von einem fernen Planeten kommt Q-R-T auf die Erde, | (denn) er möchte die Menschen und ihr seltsames Verhalten erforschen.
- Mit seinem Haustier Flummi zieht er in eine große Wohnsiedlung, | (denn) dort leben genügend „Studienobjekte“.
- Flummi ist nicht nur tollpatschig, | (sondern) er kann auch jede beliebige Gestalt annehmen.
- Flummi begleitet Q-R-T bei seinen Abenteuern(,) | (und) er rettet den Alienjungen immer wieder aus brenzligen Situationen.
- Argwöhnisch beobachten die Nachbarn Q-R-T, | (aber)/(doch) zum Glück halten die Erdlinge ihn nur für ein sehr merkwürdiges Kind.

Hinweis: Vor den Konjunktionen *und* bzw. *oder* darf das Komma wegfallen.

3 Die Satzreihe besteht aus **fünf** Hauptsätzen.

Seite 64

1 Die Subjunktionen und die (Personalform des Verbs) (das gebeugte Verb) sind eingerahmt, der Nebensatz ist unterstrichen.

Wir befinden uns im Jahr 2811. Zum ersten Mal treffen sich die Fußballmannschaften verschiedener Planeten, (weil) auf der Erde eine galaktische Weltmeisterschaft (stattfindet). Und dabei entstehen natürlich gewisse Probleme, (da) zum Beispiel die fünfbeinigen Kicker vom Planeten Klardemox unschlagbar (sind). Ich habe bei diesem Buch immer wieder laut gelacht, (obwohl) ich gar kein richtiger Fußballfan (bin). (Nachdem) ich die ersten Seiten gelesen (hatte), konnte ich das Buch einfach nicht mehr aus der Hand legen. (Wenn) ihr Fußball- oder Alienfans (seid), empfehle ich euch dieses Buch.

2 Die Subjunktionen, die die Nebensätze einleiten, und die Personalform des Verbs, die im Nebensatz am Ende steht, sind eingekreist.

[n] Die Geschichte von der ersten intergalaktischen Fußballweltmeisterschaft beginnt im Jahr 2811, (als) das Raumschiff „Argus“ auf dem Planeten Klardemox (landet).

[v] (Obwohl) die Fortschritte in der Raumfahrttechnik sogar Kurzurlaube am anderen Ende der Milchstraße (ermöglichen), ist der Planet Klardemox den Erdlingen bisher noch unbekannt.

[n] Die Klardemoxianer wundern sich über das Aussehen der Erdbewohner, (da) sie selbst fünf Beine und drei Arme (haben).

[n] Und natürlich sind die Klardemoxianer Meister im Fußballspielen, (nachdem) sie 3000 Jahre lang mit fünf Beinen und drei Armen trainiert (haben).

Seite 65

3
- Die Erdlinge stellten den Klardemoxianern viele Fragen, **weil** sie etwas über die Lebensweise dieser fünfbeinigen Außerirdischen erfahren wollten.
- **Während** die Außerirdischen von ihrem Fußballteam und ihren Abseitsregeln beim Interview schwärmen, leuchten ihre Augen.
- Die Klardemoxianer besiegen bei den Fußballspielen natürlich alle anderen Teams, **da** sie zum Kicken fünf Beine haben.

4 ~~**Obwohl**~~ Weil plötzlich alle Lust zum Fußballspielen haben, machen sie sich auf Weg zum Fußballstadion.
Als Fußballfeld müssen die Klardemoxianer einen steinigen Meteoritenkrater nutzen, ~~**nachdem**~~ obwohl die Außerirdischen gern einen weichen Fußballrasen hätten.
~~**Weil**~~ Nachdem die Erdlinge die Fußballgewohnheiten auf dem Planeten Klardemox kennengelernt haben, reisen sie mit ihrem Raumschiff zu anderen Fußballplaneten.

5 B ——————— Hs ———————.
——————— Ns ———————,

C ——————— Hs ———————,
——————— Ns ———————.

Seite 66

Teste dich! Satzreihe und Satzgefüge

1 **a** Satzreihe: A, B
Satzgefüge: C
Hinweis zur Bewertung: Für jede richtige Zuordnung bekommst du 2 Punkte.
Du kannst also insgesamt 6 Punkte erreichen.

b Konjunktionen findest du in den Sätzen B und C. Sie sind hier fett gedruckt. (Der Satz A enthält keine Konjunktion.)
B Auf der Erde gibt es Sauerstoff, Wasser und relativ angenehme Temperaturen, **aber** im sauerstofflosen Weltraum ist es mit minus 270 Grad unglaublich kalt.
C Der Mensch kann also nur im Weltraum leben, **wenn** er sich mit Hilfe komplizierter Technik eine Umgebung wie auf der Erde schafft.
Hinweis zur Bewertung: Für jede richtig markierte Konjunktion bekommst du 1 Punkt.
Du kannst also insgesamt 2 Punkte erreichen.

2 Der folgende Satzbauplan (der zweite) passt zum vorgegebenen Satz:
——————— Hs ———————.
——————— Ns ———————,
Hinweis zur Bewertung: Für den richtigen Satzbauplan bekommst du 1 Punkt.

3 Der Astronaut Alexander Gerst landete im November 2014 wieder sicher auf der Erde,
~~**da**~~ **nachdem** er fast 166 Tage im All verbracht hatte.
Im Jahr 2018 startete er zur nächsten Weltraummission,
~~**obwohl**~~ **weil** ihm das Leben und Forschen im Weltraum gut gefallen hatte.
Hinweis zur Bewertung: Für jede korrigierte Subjunktion bekommst du 1 Punkt.
Du kannst also insgesamt 2 Punkte erreichen.

Was kannst du schon? – Rechtschreibung

Seite 67

1 Vo|gel|nest Laub|hau|fen Bie|nen|stock Hun|de|hüt|te
Hinweis: Für jedes richtig getrennte Wort mit Silbenbögen erhältst du 2 Punkte.
Du kannst also insgesamt 8 Punkte erreichen.

2 Bank – Bänke, Brot – Brote, Sieb – Siebe, Kalb – Kälber, Mond – Monde, Hund – Hunde
Hinweis: Für jede korrekte Verlängerung und jede richtige Endung im Singular erhältst du 1 Punkt.
Du kannst also insgesamt 10 Punkte erreichen.

3 waschen – Wäsche, Arm – Ärmel, fahren – Fähre, Naht – nähen, bauen – Gebäude, Wahl – wählen, schaden – schädlich
Das Wort **„Feuer"** bleibt übrig.
Hinweis: Für jede richtige Ergänzung und für das übrig bleibende Wort erhältst du 1 Punkt.
Du kannst also insgesamt 8 Punkte erreichen.

4 1 = Ahmed, 2 = Carsten, 3 = Clara, 4 = Jochen, 5 = Johannes, 6 = Karine, 7 = Lea, 8 = Lena , 9 = Narek, 10 = Özge, 11 = Uwe
Hinweis: Für jeden richtig eingeordneten Namen erhältst du 1 Punkt.
Du kannst also insgesamt 10 Punkte erreichen.

5 **Wörter mit Doppelkonsonanten:** Donner, Gewitter, trommeln, sonnig, Sommer, Welle, fallen
Wörter mit einfachem Konsonanten: Nebel, Regen, Wagen, einfach
Hinweis: Für jedes richtig eingeordnete Wort erhältst du 1 Punkt. Du kannst also insgesamt 10 Punkte erreichen.

6 Maß, Messgerät, weiß, Füße, größer, es, ist, passen
Hinweis: Für jeden korrekten *s*-Laut erhältst du 1 Punkt. Du kannst also insgesamt 8 Punkte erreichen.

Seite 68

7 Igel, Fisch, Ziege, Tiger, Schimpanse, Giraffe, viele, lieben, Tiere, sich, ihnen
Hinweis: Für jedes korrekt ergänzte Wort erhältst du 1 Punkt. Du kannst also insgesamt 11 Punkte erreichen.

8 Kühe | muhen | Schafe | blöken | Hähne | krähen | Pferde | wiehern | Esel | schreien
Hinweis: Für jedes richtig geschriebene Wort erhältst du 1 Punkt. Du kannst also insgesamt 10 Punkte erreichen.

9 Herbst, Anmarsch, Blätter, Bäumen, Igel, Garten, Leute, Heizung, Fenster, Feuer, Kaminofen, Dunkelheit, Kälte, Jahreszeit
Hinweis: Für jedes richtige verbesserte Wort erhältst du 1 Punkt. Du kannst also insgesamt 14 Punkte erreichen.

10 Viele Kinder mögen den Winter und den Schnee. Sie können dann endlich Schneemänner und Iglus bauen, Schneeballschlachten machen, Schlitten fahren oder sogar auf ihren Skiern die Berge heruntersausen.
Hinweis: Für jedes richtig gesetzte Komma erhältst du 1 Punkt. Du kannst also insgesamt 2 Punkte erreichen.

11 „Traust du dich, mit der Achterbahn zu fahren?", fragt Jana auf dem Rummelplatz. „Klar", sagt Max, „wieso denn nicht?" „Dann komm", ruft Jana laut, „wir nehmen die große Achterbahn mit den drei Loopings."
Hinweis: Für jedes korrekte Anführungszeichen erhältst du 1 Punkt. Du kannst insgesamt 10 Punkte erreichen.

Strategien zum Rechtschreiben

Seite 69

1 **b + c** Müs li schäl chen, Bu chen holz, Lieb lings be cher, Scho ko la den ni ko laus

2 Su|per|markt, Bröt|chen, Fisch|ge|schäft,
Nasch|wa|ren|ab|tei|lung, Würst|chen|bu|de, Ge|mü|se|la|den,
Ki|osk, Bre|zel|ver|käu|fer, Eis|sa|lon, Kon|di|to|rei

3 **a + b** Streu sel ku chen, Ba na nen milch, Mar ga ri ne

Seite 70

1 **Nomen-Verlängerungsmaschine:** das Hemd – die Hemden, das Geld – die Gelder,
das Band – die Bänder, der Flug – die Flüge
Adjektiv-Verlängerungsmaschine: klug – klüger, bunt – bunter, windig – windiger, fremd – fremder

2 **a + b** Stellen, an denen man *leicht Fehler* macht, sind kursiv gedruckt und unterstrichen. Stellen, an denen man die **richtige Schreibung** erkennt, sind fett gedruckt:

flie**g**en – sie flie*g*t – er flo*g* – wir flo**g**en
tra**g**en – sie trä*g*t – er tru*g* – wir tru**g**en

he**b**en – sie he*b*t – er ho*b* – wir ho**b**en
hal**t**en – sie häl*t* – er hiel*t* – wir hiel**t**en

3 Gestern war der Mond noch rund und schien kräftig. Heute Abend haben sich Nebel über ihn gelegt.

Seite 71

1 en?/los – Ende – endlos, Ele?/nis erleben – Erlebnis

2 **Layla:** Trinkflasche, Windböe, Liebling, Landkarte, Halbzeit, Mondkalender, Gesundheit, Spukschloss
U **Lieblingstier: Hase**
Jan: Rekordversuch, Windhund, vorsorglich, Sandkasten, Hupkonzert, Denkzettel, haltlos, Zeltlager
U **Lieblingstier: Schlange**

3 Berge + Wände = Bergwand

Seite 72

1 kämpfen (Kampf), das Geschenk, träumen (Traum), die Kräfte (Kraft), jährlich (Jahr), lenken, die Blätter (Blatt), die Freude, der Händler (handeln), das Feuer, wählen (Wahl), die Gänse (Gans)

2 **Glühwürmchen – Käfer, die nicht glühen**
In warmen **Sommernächten** kann man in **Wäldern** und **Gärten unzählige** Glühwürmchen beobachten, die **leuchtend** durch die Luft fliegen. Der Name ist allerdings irreführend. Glühwürmchen sind nämlich gar keine Würmer, sondern Käfer. Sie glühen auch nicht, denn sie **werden** nicht heiß, sondern **leuchten** nur. Dafür besitzen sie ein eigenes Organ, das dieses Licht **erzeugt. Häufig leuchten** nur die Weibchen. Sie möchten damit während der **Abendstunden** die **Männchen** auf sich **aufmerksam** machen.

3 nämlich, Käfer, während

Seite 73

1 **a** CD, XY, FG, TU, UV, QR, JK
b UV, GH, AB, WX, KL, OP, EF

2 Erdbeere, Erdbeereis, Erdbeerjoghurt, Erdbeerkuchen, Erdbeerquark, Erdbeertorte

3 **a** Artikel: die; Pluralformen: *-s*, Pizzen, Pizze
b die Pizzas, die Pizzen, die Pizze

4 **a** der, die, das
b Zwiebäcke, Zwiebacke

Seite 74

Teste dich! – Strategien zum Rechtschreiben

1

	Flughunde	klebt	Silbensalat	Fremdwort	Mäuse	kalt
Schwingen	☐	☐	☒	☐	☐	☐
Verlängern	☐	☒	☐	☐	☐	☒
Zerlegen + Verlängern	☒	☐	☐	☒	☐	☐
Ableiten	☐	☐	☐	☐	☒	☐

Hinweis: Für jedes richtig gesetzte Kreuz erhältst du 1 Punkt. Du kannst also insgesamt 6 Punkte erreichen.

2 Per so nen zug ab teil, Fer tig bau sät ze, Pla ne ten um lauf bahn, Grün pflan zen kü bel
Hinweis: Für jedes richtig in Silben geschriebene Wort erhältst du 1 Punkt.
Du kannst also insgesamt 4 Punkte erreichen.

3 **a + b** Liedtext (Zerlegen + Verlängern)
Rathaus (Zerlegen + Verlängern)
Neuigkeit (Ableiten)
Flugzeug (Zerlegen + Verlängern)
aufräumen (Ableiten)
Hinweis: Für jedes richtig geschriebene Wort und für jedes richtig gesetzte Kreuz erhältst du 1 Punkt.
Du kannst also insgesamt 10 Punkte erreichen.

Regeln zum Rechtschreiben

Seite 75

1 **Die erste Silbe des Wortes endet mit einem Vokal:**
ru fen, Pa pa gei, Ra be, Pe li kan, Kra nich, Ha bicht, Fa san

Die erste Silbe des Wortes endet mit einem Umlaut:
Vö gel, flö ten, Mö we

Die erste Silbe des Wortes endet mit einem Doppellaut:
Tau be, Mei se, pfei fen, schrei en, Eu le, krei schen

2 a + b

	Vokal	Umlaut	Doppellaut	Konsonanten	Die erste Silbe ist ...
	Die erste Silbe endet mit einem ...				
Som mer	☐	☐	☐	☒	geschlossen
herr lich	☐	☐	☐	☒	geschlossen
Wei de	☐	☐	☒	☐	offen
san dig	☐	☐	☐	☒	geschlossen
Fe ri en	☒	☐	☐	☐	offen
mü de	☐	☒	☐	☐	offen
Grä ser	☐	☒	☐	☐	offen

Seite 76

3 **a** wol kig, Re gen, frie ren, Son ne, Ha gel, schwit zen, schat tig

b Offene Silben sind unterstrichen, geschlossene Silben umrahmt:
wol kig, Re gen, frie ren, Son ne, Ha gel, schwit zen, schat tig

c **Regel:** In offenen Silben spricht man den Vokal immer **lang.**

4 **a + b** **die Ber ge:** Die erste Silbe endet mit einem Konsonanten. Der Vokal in der ersten Silbe wird kurz gesprochen. Es handelt sich um eine geschlossene Silbe.

die Bäu me: Die erste Silbe endet mit einem Doppellaut. Der Doppellaut in der ersten Silbe wird lang gesprochen. Es handelt sich um eine offene Silbe.

die Scha fe: Die erste Silbe endet mit einem Vokal. Der Vokal in der ersten Silbe wird lang gesprochen. Es handelt sich um eine offene Silbe.

die Vö gel: Die erste Silbe endet mit einem Umlaut. Der Umlaut in der ersten Silbe wird lang gesprochen. Es handelt sich um eine offene Silbe.

Seite 77

1

-ne	-mer	-tern	-le	-men
die Kan ne	die Kam mer	klet tern	die Bril le	sum men
die Ton ne	die Num mer	schmet tern	die Zel le	schwim men
die Wan ne	der Som mer	schnat tern	die Ril le	ram men
die Son ne	im mer	rat tern	der Bul le	kom men

2 Gerne würde ich einmal bis zu den Knien durch Wa**tt**e wa**t**en.
Der Ra**b**e fliegt, die Kra**bb**e läuft.
Der Wa**l** kann den Ba**ll** in die Luft schleudern.

Seite 78

3 Wörter mit **zwei verschiedenen Konsonanten** an der Silbengrenze: der Man tel, die Hän de, der Gür tel, die Schul ter
Wörter mit **Doppelkonsonant:** of fen, die Wol le, bib bern, in nen, die Schnal le, der Af fe

4 **a + b**

nicht sauber			S	C	H	**M**	U	T	Z	I	G
etwas verwenden					N	**U**	T	Z	E	N	
verraten, wer es gewesen ist					P	**E**	T	Z	E	N	
kaputtgehen (Luftballon)			P	L	A	**T**	Z	E	N		
Wasserlache auf der Straße	P	F	U	E	T	**Z**	E				
Eile, Stress		H	E	T	Z	**E**					

5 **a + b**

männliche Ziege							**B**	O	C	K		
hinterer Teil des Halses						N	**A**	C	K	E	N	
viele Blätter zum Schreiben				B	L	O	**C**	K				
nicht dünn				D	I	C	**K**					
Turngerät						R	**E**	C	K			
sich beklagen	M	E	C	K	E	R	**N**					

6 Dü?bre?bohrer: dün ner, die Bret ter = Dünnbrettbohrer
Ma?wer?sta?: mal en, die Wer ke, die Stät te = die Malwerkstatt

Seite 79

1 **b**

Prei se, bla sen, ei sig,
Krei se, le sen, sau sen

Stra ße, Fü ße, hei ßen, drau ßen,
Grö ße, au ßer dem

2 **b**

erste Silbe → offen / geschlossen

offen → summendes s / zischendes s

summendes s
Reise
rosig
Gase
gruseln
Wiese

zischendes s
fleißig
dreißig
Süßes
Flöße

geschlossen
küssen
Schlösser
wissen
Masse
pressen

Seite 80

3 **a + b** das Gras: die Gräser; grasgrün; der Grashüpfer
die Maus: die Mäuse; mausgrau; der Mausklick
der Fels: die Felsen; der Felsbrocken; die Felsspalte
er bläst: blasen; das Blasorchester; das Blasrohr
vereist: vereisen; eisglatt; die Eisdiele
er liest: lesen; die Lesart; die Lesbarkeit

4 das Floß – die Flöße, schneeweiß – weißer, sie speist – speisen, der Ausweis – die Ausweise, der Fuß – die Füße, das Glas – die Gläser, er rast – rasen, der Gruß – die Grüße, sie schießt – schießen, er döst – dösen

5 **Reimwörter sind:** müssen, Kasse, gießen, Grüße, Gras, riss

Seite 81

1 **a + b**

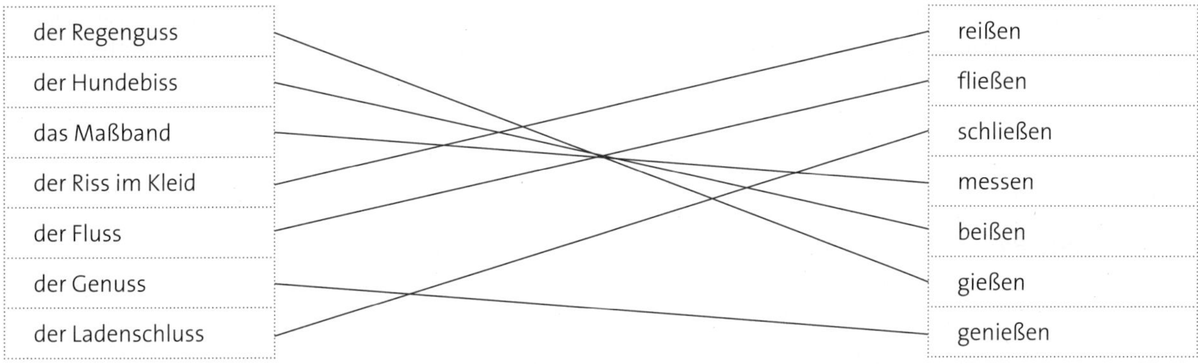

2 **a + b** Wir vergaßen, aufzuschreiben, was wir nicht vergessen wollten. **B**
Wenn das Wasser hinuntergeflossen ist, fließt es nicht mehr hinauf. **A**

3 So könnten deine Beispielsätze lauten:
messen: Letztes Jahr maßen die Kinder gut 1,65 Meter, nun können wir messen, ob sie uns schon über den Kopf gewachsen sind.
lassen: Gestern ließen wir unseren Regenschirm liegen, aber heute lassen wir nichts liegen!
sprießen: Wenn diesen Frühling so viele Blumen sprießen, wie im letzten Jahr gesprossen sind, wird der Garten wieder wunderschön.

Seite 82

1 **a** Als ich morgens aus dem Haus gehen wollte, regnete es, als wolle es niemals mehr aufhören. Es blieb mir nichts anderes übrig, als zu warten, bis es etwas besser geworden war. Als ich abends wieder zurückkam, war aber bereits alles wieder trocken. Anderntags konnte ich ohne Schirm unterwegs sein.
b Haus → die Häu ser

2 **a + b** Wörter, bei denen die Schreibung des *s*-Lauts am Wort- oder Silbenende nicht durch Verlängern geklärt werden kann, sind umrahmt, die übrigen *s*-Laute sind unterstrichen:

Ein kurzer Ausflug
An einem heißen Sommertag entschließt sich Familie Brandt, an den großen Badesee zu fahren. Paul und seine Mutter kümmern sich um das Essen. Clara und der Vater müssen für die Badesachen sorgen. Dann geht es los! Als die vier am See ankommen, ist es gerade Mittagszeit. Deshalb lässt die Mutter die Kinder gleich die Tischdecke auf dem Gras ausbreiten. Alle genießen den Kartoffelsalat, die Fleischklöße mit Tomatensoße und trinken dazu fleißig Orangensaft. Den Nusskuchen wollen Paul und Clara erst nach dem Baden verspeisen. Aber was passiert jetzt? Riesige Wolke ballen sich am Himmel zusammen. Schon prasseln die ersten Regentropfen auf die Wiese. Nun heißt es geschwind einpacken, damit nicht alles nass wird. Dann rast jeder, so schnell er kann, zum Auto. Wieder zu Hause hat Clara eine Idee: „Ich weiß was“, ruft sie. „Wer isst mit mir ein Stück Nusskuchen?“

3 abends, alles, als, anderes, anderntags, aus, ausbreiten, bereits, bis, das, deshalb, es, etwas, ins, los, Mittagszeit, morgens, nichts, niemals, unterwegs, was

4 individuelle Lösung

Seite 83

1 A Der Hund ist ein Tier, das ursprünglich im Rudel lebte.
B Wusstest du, dass Hunde bei den Inuit eine wichtige Rolle spielten?

2 Während es bei uns normal ist, *dass* eine Familie nur einen Hund hat, besaß in der traditionellen Kultur der Inuit jede Familie mindestens ein ganzes Rudel Hunde. Du weißt sicher, *dass* die Inuit das Ureinwohnervolk sind, *das* im Norden von Kanada lebt. Als die Inuit noch nicht sesshaft waren, sondern *das* weite Land, *das* die meiste Zeit im Jahr schneebedeckt ist, auf der Suche nach Wild, *das* sie jagen konnten, durchquerten, waren ihre Hunde für sie unentbehrlich. Das Tier, *das* in der Sprache der Inuit „Qimmik" heißt, war stark, mutig und klug. Die Inuit konnten sich auch bei eisiger Kälte immer darauf verlassen, *dass* die Hunde ihren Schlitten kraftvoll zogen. Der Musher, also der Schlittenführer, gab dem Leittier, *das* ganz vorne eingespannt war, Signale und das Leittier sorgte dafür, *dass* das restliche Rudel richtig lief. Oft war das Leittier, *das* der Familie ans Herz gewachsen war, wie ein Familienmitglied. Manchmal hatte nicht nur der Vater, sondern auch die älteren Kinder ein eigenes Rudel, *das* nur ihnen gehorchte.

Seite 84

1 **a**

G	I	T	T	E	R	Q	W	D	O	U	L	X	J	B	A	B	I	R	T
C	V	B	Y	T	R	E	G	I	E	R	I	G	R	I	P	R	F	I	G
G	R	I	F	F	E	C	V	B	Z	T	E	R	E	T	W	I	Q	E	A
L	I	N	N	C	M	I	L	C	H	I	G	X	R	T	N	E	M	C	G
W	E	Z	Z	T	R	E	J	B	N	U	E	O	A	E	V	F	V	H	A
P	S	O	K	I	N	D	E	R	R	O	N	P	F	L	I	E	D	E	R
R	E	Z	O	L	B	V	T	R	E	P	X	M	I	N	Z	E	Q	N	O

b **Wörter mit *i* (geschlossene Silbe):** Git ter, Grif fe, mil chig, Kin der, Bit te, Min ze
Wörter mit *ie* (offene Silbe): Rie se, gie rig, lie gen, Brie fe, Lie der, rie chen

2

Infinitiv	3. Person Plural Präteritum	3. Person Singular Präteritum
schlafen	sie schliefen	er schlief
raten	sie rieten	sie riet
laufen	sie liefen	er lief
bleiben	sie blieben	sie blieb

Seite 85

3 **a** ge schrie ben (Vers 2); wie der sehn (Vers 6)
b Brief (Vers 2) → Brie fe; liegt (Vers 8) → lie gen
c der Wil le; wil lig
d mir (Vers 2 + 8); dir (Vers 8 + 12)

4

große, gestreifte Raubkatze			T	I	G	E	R		
Tier mit sehr langem Hals			G	I	R	A	F	F	E
dünnes Insekt mit vier langen Flügeln			L	I	B	E	L	L	E
Nagetier, das Dämme baut			B	I	B	E	R		
stacheliges Tier				I	G	E	L		
Verwandter des Hasen	K	A	N	I	N	C	H	E	N

5 In der Kantine gibt es heute Margarinebrote und Apfelsinen in Gelatine – brrr!
Sonderfall: Die Endung ***-ine*** wird mit einfachem ***i*** geschrieben, obwohl das ***i*** lang gesprochen wird und in einer offenen Silbe steht. Weitere Wörter mit dieser Endung sind z. B.: *Maschine, Routine, Turbine, Mandarine, Gardine.*

Seite 86

1

silbenöffnendes *h*	**Merkwort mit *h***
mä hen, dre hen, nä hen, dro hen, Flö he, ge hen	boh ren, Sah ne, zäh men, Stüh le, Zah len

2 Am Wald ste hen Re he.
In den Schu hen drücken die Ze hen.

3

Infinitiv	**1. Person Singular Präsens**	**3. Person Plural Präsens**	**3. Person Singular Präteritum**
glühen	ich glühe	sie glühen	er/sie glühte
ruhen	ich ruhe	sie ruhen	er/sie ruhte
mähen	ich mähe	sie mähen	er/sie mähte
sehen	ich sehe	sie sehen	er/sie sah

Seite 87

4 **a + b** Die folgenden verwandten Wörter könntest du zum Beispiel gefunden haben:

zahn	**steh**	**uhr**
U Merkwort mit *h*	U silbenöffnendes *h*	U Merkwort mit *h*
zahnen	stehen	Uhren
Zahnärztin	anstehen	Uhrmacher
Weisheitszahn	Stehtisch	Stoppuhr
Zahnbürste	beistehen	Schuluhr
Zahnpasta	Stehcafé	Armbanduhr

5 ***-hl:*** Zahl, befehlen, Kehle, Stuhl, Stahl, strahlen
-hm: zähmen, nehmen, Rahmen, Lehm, lahmen
-hn: ähnlich, Mähne, gähnen, Kahn, anbahnen, Huhn, Hahn
-hr: Ohr, verwahren, ehren, ehrlich, bohren, gefährlich

Seite 88

1 1 = Erdbeere, **2** = Aal, **3** = Teebeutel, **4** = Meer, **5** = Waage, **6** = Schneemann, **7** = Boot, **8** = Fee, **9** = See, **10** = Kaffeetasse
Lösungswort: Blumenbeet

2 Seeräuber, Haarbürste, Zootiere, Blaubeere, Kleeblatt, Aasgeier

3 Seele, doof, Idee, Püree, Staat, Tee, Allee

Seite 89

1 b **gesprochen wie *f*:** brav, bevor, Vater, Veilchen, vielleicht, Volk, Vieh, vier, Vers
gesprochen wie *w*: Klavier, Pulver, Vase, violett, Violine

2 **ver-:** verbieten, versuchen, verbinden, verfallen, verlaufen, vergeben, verfahren, verbringen, verlassen, verbrauchen, verschreiben
vor-: vorfallen, vorlaufen, vorgeben, vorfahren, vorbringen, vorlassen, vorschreiben

3 der November, der Advent, tief, das Gewitter, voll, die Pfeife, faul, die Kurve, die Villa, das Gewehr, schief, der Pullover, fertig

Seite 90

1 sagen → du sagst; fliegen → du fliegst; lenken → du lenkst; wecken → du weckst mich; die Nachmittage → nachmittags

2 Max, Axt, Felix, mixen, Explosion, Text, Mexiko, Luxus, Taxi, exotisch

3 der Lachs, der Dachs, die Echse, der Ochse, der Fuchs, der Luchs

4 hexen, die Büchse, der Experte, die Sachsen, die Box, die Praxis

Seite 91

Teste dich! – Regeln zum Rechtschreiben anwenden

1 a **Richtig** sind die Aussagen **A, D** und **E. Falsch** sind die Aussagen **B** und **C.**
b **Regel B:** Doppelkonsonanten schreibt man nur, wenn die erste Silbe geschlossen ist.
Regel C: Folgt auf eine offene Silbe ein gesummtes *s*, schreibt man *s*.
Hinweis: Für jedes richtig gesetzte Kreuz und für jede richtig verbesserte Regel erhältst du 1 Punkt.
Du kannst also insgesamt 7 Punkte erreichen.

2 **a + b**

	schminken	ihnen	Spiegelei	Glitzer	schmierig	
Die erste Silbe ist geschlossen	X			X		
Die erste Silbe ist offen			X		X	
Es handelt sich um ein Merkwort ...		X				X

Hinweis: Für jeden richtig eingesetzten Buchstaben und für jedes richtig gesetzte Kreuz erhältst du 1 Punkt.
Du kannst also insgesamt 12 Punkte erreichen.

3 die Wüste, die Veranda, fertig, verstehen, das Wunder
Hinweis: Für jeden richtig eingesetzten Buchstaben erhältst du 1 Punkt.
Du kannst also insgesamt 5 Punkte erreichen.

4 du denkst, das Taxi, längst, das Wachs, du backst
Hinweis: Für jeden richtig eingesetzten Buchstaben erhältst du 1 Punkt.
Du kannst also insgesamt 5 Punkte erreichen.

Groß- und Kleinschreibung

Seite 92

1 die Bescheidenheit, die Beschäftigung, das Geheimnis, die Lehrerin, die Sicherheit, das Wachstum, die Eitelkeit, die Versteigerung, der Irrtum, die Gleichheit, der Reichtum, die Ärztin, die Feindschaft, die Beleidigung, das Ergebnis, die Dunkelheit, das Zeugnis, die Frechheit, die Krankheit

2 die Erfahrung, die Schwierigkeit, die Erzählung, die Gesundheit, die Führung, die Höflichkeit, die Bereitschaft, die Leistung, die Heiterkeit

Seite 93

3 Satzanfänge sind fett hervorgehoben und Nominalgruppen unterstrichen.

Habt ihr schon einmal gesehen, dass ein Tierbesitzer ein Kaninchen oder ein kleines Hausschwein anleint, um mit diesen einen Ausflug zu machen? **M**an kann diesen ungewöhnlichen Tieren beim Spaziergang begegnen: **E**in japanischer Herr zum Beispiel führt täglich seine Riesenschildkröte aus. **D**as Aufsehen ist meist groß. **U**nd die Australierin Vicky Lowing liebt es, ihr Krokodil Johnie auszuführen. **S**ie haben ein großartiges Verhältnis. **H**unde laufen nicht braver, wenn sie angeleint sind.

4 ein Tierbesitzer, ein Kaninchen, ein kleines Hausschwein, einen Ausflug, diesen ungewöhnlichen Tieren, beim Spaziergang, Ein japanischer Herr, zum Beispiel, seine Riesenschildkröte, Das Aufsehen, die Australierin Vicky Lowing (*Vicky Lowing = Eigenname*), ihr Krokodil Johnie (*Johnie = Eigenname*), ein großartiges Verhältnis

5 z. B.: Hunde, meine Hunde

Seite 94

6 Die neun gesuchten Nomen sind unterstrichen:
auf dem Tisch, mein kleiner Hund, mein spannendes Buch, die leckere Pizza, mit viel Gefühl, die große Freude, ein schönes Spiel, ein kalter Wind, die schnelle Fahrt

7 **a + b + c** Satzanfänge sind unterstrichen, **Nomen** sind fett gedruckt:

Die gewaltige **Elefantendame Maj**trabt häufig durch die **Straßen** von **Berlin.** Sie arbeitet im **Zirkus** und wird von ihrem **Trainer** täglich zu einer **Wiese** geführt. Der **Trainer** hat nur einen kleinen **Elefantenstock** bei sich, denn **Maja** folgt ihm aufs **Wort.** Sie ist eben eine sehr kluge **Dame.** Für ein **Zootier** ist **Beschäftigung** außerdem sehr wichtig. **Maja** empfindet den täglichen **Spaziergang** als willkommene **Abwechslung** von ihrem **Zirkusalltag.** Für die **Berlinerinnen** und **Berliner** ist die **Begegnung** mit **Maja** ein nettes **Erlebnis.**

8 die Beschäftigung, die Abwechslung, die Begegnung, das Erlebnis

Zeichensetzung

Seite 95

1 **a + b + c** Aufzählungen sind unterstrichen, **Konjunktionen** fett gedruckt:

Wir Menschen werden schwarz vor Ärger, rot vor Wut **oder** gelb vor Neid. Aber das ist nichts im Vergleich mit dem Chamäleon: Es färbt sich je nach Anlass schwarz, grau, braun, grün, gelb, rot, türkis, blau **und** sogar bunt. Die Farben dienen **sowohl** zum Anlocken eines Partners **als auch** zur Tarnung. Bei Gefahr nehmen sie z. B. die Farbe von Blättern, Baumrinde **oder** Steinen an. Schuppen am Rücken, Zacken am Kinn **sowie** eine Art Ritterhelm auf dem Kopf lassen die Tiere wie kleine Drachen aussehen.

2 **a + b** So lautet der Text mit korrekter Kommasetzung:

Kamele gibt es sowohl mit einem Höcker als auch mit zwei Höckern. Das Dromedar hat einen Höcker, das Trampeltier zwei Höcker. Beide Kamelarten können auf ihren Wanderungen durch trockene Steppen, Halbwüsten und Wüsten lange Zeit auf frisches Wasser und neue Nahrung verzichten. Kamele sind nämlich Meister in der Vorratshaltung. Sie können Wasser und Nahrung sowohl in großer Menge aufnehmen als auch speichern. Ihre Höcker dienen ihnen dabei sozusagen als Vorratsspeicher oder Speisekammer. Der gespeicherte Fettvorrat versorgt sie mit der nötigen Kraft und Energie für ihre Aufgaben als Reittiere oder Lasttiere.

Seite 96

1 Kaya behauptet: „Tiere sind doch die besseren Sportler."
„Tiere sind doch die besseren Sportler", behauptet Kaya.
„Tiere", behauptet Kaya, „sind doch die besseren Sportler."

2 **a + b + c** Redebegleitsätze sind unterstrichen:

„Der aktuelle Rekordhalter im Kurzstreckensprint erreicht eine Geschwindigkeit von fast 39 Stundenkilometern", erklärt Max. „Das ist doch gar nichts", entgegnet Kaya, „ein Gepard bringt es auf eine Geschwindigkeit von 100 Stundenkilometern." Max denkt nach und behauptet: „Aber Menschen sind die besten Weitspringer. Der aktuelle Olympiasieger ist über acht Meter weit gesprungen." „Ein Riesenkänguru kann aber über 13 Meter weit springen", wendet Kaya ein, „und ein Schneeleopard sogar 14 Meter." Da schüttelt Max den Kopf und sagt: „Okay, du hast gewonnen."

3 **a + b** So könnte deine Lösung lauten:

„Kennst du noch weitere tierische Rekorde?", fragt Max interessiert. Kaya antwortet: „Der schnellste Schwimmer ist der Fächerfisch. Er schwimmt bis zu 100 Stundenkilometer schnell." „Der ist ja so schnell wie ein Auto", staunt Max. „Und Wale können fast 3000 Meter tief tauchen und dabei über zwei Stunden unter Wasser bleiben", ergänzt Kaya.

Seite 97

Teste dich! – Großschreibung und Zeichensetzung

1 **A** Satzanfänge, Namen und Nomen werden großgeschrieben.
B Nomen erkennt man an ihren Begleitern und an bestimmten Endungen.
Hinweis: Für jede korrekt ergänzte Regel erhältst du 2 Punkte.
Du kannst also insgesamt 4 Punkte erreichen.

2 Nomen sind unterstrichen:
Heute halten Menschen sich seltsame Haustiere in ihren Wohnungen. Neben Leguanen werden auch Minischweine immer beliebter.
Hinweis: Für jeden großgeschriebenen Satzanfang und jedes großgeschriebene Nomen erhältst du 1 Punkt.
Du kannst also insgesamt 7 Punkte erreichen.

3 Wer hätte gedacht, dass sowohl Ameisen als auch Libellen tierische Rekorde halten? Ameisen können das Hundertfache ihres Körpergewichts tragen, z. B. Blätter, Nüsse oder kleine Stöckchen. Die Libelle jagt mit 50 Stundenkilometern Fliegen, Mücken und andere Beutetiere.
Die beste Nase haben weder Hunde noch Schweine, sondern Aale. Sie können sogar einen Tropfen Blut, einen toten Fisch oder ein Stück Würfelzucker in einem riesigen See riechen.
Hinweis: Für jedes richtig eingefügte oder getilgte Komma erhältst du 1 Punkt.
Du kannst also insgesamt 7 Punkte erreichen.

4 „Tiere können einfach alles besser", klagt Max. „Mir fällt ein Tier ein, mit dem wir bestimmt mithalten können", freut sich Kaya, „nämlich das Faultier." „Ach, ja?", fragt Max neugierig. Kaya erklärt: „Es legt in der Minute höchstens fünf Meter zurück, aber nur, wenn es sich beeilt." „Das schaffe ich nie", lacht Max.
Hinweis: Für jedes richtig gesetzte Satzzeichen erhältst du 1 Punkt.
Du kannst also insgesamt 18 Punkte erreichen.

Ich teste meinen Lernstand

Seite 99

1 Richtig ist Antwort C.
Hinweis zur Bewertung: Für die richtige Antwort erhältst du 1 Punkt.
Trage deine Punktzahl im Heft auf der Seite 91 bei der Aufgabe 1 ein.

2 Richtig ist Antwort B.
Hinweis zur Bewertung: Für die richtige Antwort erhältst du 1 Punkt.
Trage deine Punktzahl im Heft auf der Seite 91 bei der Aufgabe 2 ein.

3 Folgende Begriffe findest du für den Fuchs / die Füchse im Text.
Hinter den Begriffen findest du die Zeilenangaben aus dem Text, die du notiert haben solltest.
Rotpelz (Z. 7), Allesfresser (Z. 13), Waldbewohner (Z. 18), Raubtier (Z. 24), Wildtier (Z. 10)
Hinweis zur Bewertung: Für jede richtige Antwort mit Zeilenangabe erhältst du 1 Punkt. Du kannst also insgesamt 5 Punkte erreichen. Errechne deine Punktzahl und trage sie im Heft auf der Seite 91 bei der Aufgabe 3 ein.

4 Büchse des Jägers (Z. 21) → Jagdgewehr
Streifzüge(n) (Z. 24) → Erkundungsgänge, um die Gegend auszuforschen
Fuchsseuche (Z. 37) → hoch ansteckende Krankheit bei Füchsen
Hinweis zur Bewertung: Für jede richtige Zuordnung bekommst du 1 Punkt. Du kannst also insgesamt 3 Punkte erreichen. Errechne deine Punktzahl und trage sie im Heft auf der Seite 91 bei der Aufgabe 4 ein.

Seite 100

5 So oder so ähnlich sollte deine Begründung lauten:
Die Füchse verlieren ihre Angst vor Menschen und können so zu einer lästigen Plage werden.
Hinweis zur Bewertung: Für die richtige Antwort bekommst du 1 Punkt.
Trage deine Punktzahl im Heft auf der Seite 92 bei der Aufgabe 5 ein.

6 Richtig ist Antwort **C.**
Hinweis zur Bewertung: Für die richtige Antwort bekommst du 1 Punkt.
Trage deine Punktzahl im Heft auf der Seite 92 bei der Aufgabe 6 ein.

7 Richtig ist Antwort **D.**
Hinweis zur Bewertung: Für die richtige Antwort bekommst du 1 Punkt.
Trage deine Punktzahl im Heft auf der Seite 92 bei der Aufgabe 7 ein.

8 Die Wörter, die du in den Text eingesetzt haben solltest, sind fett gedruckt.

In dem **Gedicht** „Der kleine Fuchs" gibt es eine **märchenhafte** Situation: Ein Fuchs kann **lesen** und eine Tulpe kann leuchten wie eine **Lampe.** Aber nicht nur der Fuchs ist wach, auch Eule und **Käuzchen** machen Geräusche. So ist es im Wald nachts nicht **still,** sondern voller **Klänge.** In dem Gedicht reimen sich einige Wörter: Auf „gemacht" (Vers 4) reimt sich **„Mitternacht"** (Vers 2), auf „nie" (Vers 6) reimt sich **„Waldnachtmelodie"** (Vers 8) und auf „verstimmt" (Vers 10) reimt sich **„glimmt"** (Vers 12).

Hinweis zur Bewertung: Für jedes richtig eingesetzte Wort bekommst du 1 Punkt. Du kannst also insgesamt 10 Punkte erreichen. Errechne deine Punktzahl und trage sie im Heft auf der Seite 92 bei der Aufgabe 8 ein.

Seite 101

9 Die falsch geschriebenen Wörter sind durchgestrichen und dahinter verbessert.
Unter dem Text findest du noch Tipps zur Rechtschreibung der Fehlerwörter.

Es gibt viele ~~sprichwörter~~ **Sprichwörter** und Redewendungen, in denen der Fuchs ~~vorkomt~~ **vorkommt.** Man sagt zum ~~beispiel~~ **Beispiel:** „Er ist schlau wie ein Fuchs!" Das spielt auf die ~~klugheit~~ **Klugheit** des Fuchses an. Wenn jemand sehr einfallsreich ist, nennt man ihn auch „Schlaufuchs" oder „ausgefuchst".
Wenn jemand aber sagt: „Du hast dem Fuchs den ~~Hühnerstal~~ **Hühnerstall** anvertraut!", meint er, dass du dem Falschen vertraut hast. Denn der Fuchs ~~frist~~ **frisst** Hühner. Man ~~solte~~ **sollte** niemals einen Fuchs in die ~~nähe~~ **Nähe** von Hühnern ~~lasen~~ **lassen!** Ist jemand „fuchsteufelswild", so ist er wütend wie ein Fuchs, den man gefangen hat. Ein ~~ort~~ **Ort,** an dem „sich Fuchs und ~~hase~~ **Hase** Gute Nacht sagen", ist weit abgelegen und einsam. Denn ursprünglich traf man den Fuchs nur im tiefen ~~Walt~~ **Wald,** weit entfernt von der Stadt.

Hinweis zur Bewertung: Für jedes richtig verbesserte Wort bekommst du 1 Punkt. Du kannst also insgesamt 12 Punkte erreichen. Errechne deine Punktzahl und trage sie im Heft auf der Seite 9 bei der Aufgabe 9 ein.

Hinweise zu den Fehlerwörtern in Aufgabe 9:
- **Sprichwörter:** Das Wort ist ein Nomen und wird großgeschrieben. Mache die Artikelprobe. Wenn du einen Artikel vor das Wort setzen kannst, ist es ein Nomen.
- **vorkommt:** Das Wort wird mit Doppelkonsonant geschrieben, weil man bei geschlossener Silbe nur einen Konsonanten hört. Um dies zu hören, musst du das Wort verlängern (vorkommen).
- **Beispiel:** Das Wort ist ein Nomen und wird großgeschrieben. Mache die Artikelprobe. Wenn du einen Artikel vor das Wort setzen kannst, ist es ein Nomen.
- **Klugheit:** Das Wort ist ein Nomen und wird großgeschrieben. Du erkennst das Nomen im Text an seinem Begleiter, dem Artikel *die*.
- **Hühnerstall:** Das Wort wird mit Doppelkonsonant geschrieben, weil man bei geschlossener Silbe nur einen Konsonanten hört. Um dies zu hören, musst du das Wort zerlegen und dann verlängern (Hühner + Stall → Ställe).
- **frisst:** Das Wort wird mit *ss* geschrieben, weil die erste Silbe geschlossen ist. Um dies zu hören, musst du den Einsilber (frisst) verlängern (fressen).
- **sollte:** Das Wort mit Doppelkonsonant geschrieben, weil man bei geschlossener Silbe nur einen Konsonanten hört. Um dies zu hören, musst du den Infinitiv bilden (sollen).
- **Nähe:** Das Wort ist ein Nomen und wird großgeschrieben. Du erkennst das Nomen im Text an seinem Begleiter, dem Artikel *die*.
- **lassen:** Das Wort mit *ss* geschrieben, weil die erste Silbe geschlossen ist.
- **Ort:** Das Wort ist ein Nomen und wird großgeschrieben. Du erkennst das Nomen im Text an seinem Begleiter, dem Artikel *ein*.
- **Hase:** Das Wort ist ein Nomen und wird großgeschrieben. Mache die Artikelprobe. Wenn du einen Artikel vor das Wort setzen kannst, ist es ein Nomen.
- **Wald:** Das Wort wird am Wortende mit *d* geschrieben. Wenn du das Wort verlängerst (Wälder), hörst du das *d*.

10 Die Verben in der Zeitform Präteritum, die du in die Lücken eingesetzt haben solltest, sind fett gedruckt.

Vor einigen Jahrzehnten **fotografierte** ein russischer Tierfotograf einen ungewöhnlichen Vorfall. Auf einem Acker **lag** ein Fuchs, der tot zu sein schien. Eine Krähe **flog** herbei, um sich ein Stück von dem Aas zu sichern. Sie wollte gerade dem toten Fuchs ein Auge auspicken, da **sprang** dieser auf, **biss** zu und **brach** der überraschten Krähe das Genick. In der Biologie **hielt** man bis dahin Berichte über so ein schlaues Verhalten des Fuchses für ein Märchen. Die Bilder **bewiesen** nun deren Richtigkeit.

Hinweis zur Bewertung: Für jede richtig eingesetzte Verbform bekommst du 1 Punkt. Du kannst also insgesamt 8 Punkte erreichen. Errechne deine Punktzahl und trage sie im Heft auf der Seite 93 bei der Aufgabe 10 ein.

Seite 102

11 Die Nomen, die du in den Text eingesetzt haben solltest, sind fett gedruckt.
Dahinter findest die Kasusangabe: N = Nominativ, D = Dativ, A = Akkusativ, G = Genitiv.

Die Wissenschaft hat tatsächlich **die Klugheit (A)** des Fuchses bewiesen. Forschende haben bei **dem Raubtier (D)** beobachtet, dass es selbstständig Probleme lösen kann. So schubst der Fuchs eingerollte Igel ins Wasser. Die entrollen sich, um zu schwimmen. Und schon schnappt er zu. Sogar die Hinterlist **des Fuchses (G)** ist wissenschaftlich belegt. Es gibt Berichte über Füchse, die sich zum Beispiel einem Kaninchen mit einem Trick nähern. Sie tollen wild herum und tun so, als ob sie spielen, ohne **das Kaninchen (A) / die Beute (A)** zu bemerken. Wiegt sich **die Beute (N) / das Kaninchen (N)** in Sicherheit, packt der Fuchs plötzlich zu.

Hinweis zur Bewertung: Für jedes richtig eingesetzte Nomen und jede richtige Kasusangabe bekommst du 1 Punkt. Du kannst also insgesamt 5 Punkte erreichen. Errechne deine Punktzahl und trage sie im Heft auf der Seite 94 bei der Aufgabe 11 ein.

12
- Subjekt: 5, 6, 11
- Dativobjekt: 10
- Akkusativobjekt: 3, 8
- adverbiale Bestimmung des Ortes: 4, 7
- adverbiale Bestimmung der Zeit: 2
- adverbiale Bestimmung der Art und Weise: 9
- adverbiale Bestimmung des Grundes: 1

Hinweis zur Bewertung: Für jede richtig eingetragene Nummer bekommst du 1 Punkt. Du kannst also insgesamt 11 Punkte erreichen. Errechne deine Punktzahl und trage sie im Heft auf der Seite 94 bei der Aufgabe 12 ein.

Seite 103

13 **b** Die Teilaufgaben a und b dienen dir zur Hilfe, werden aber nicht mitbewertet.
So könnte dein Schreibplan aussehen:

Schreibplan

1. Bild
- auf Zehenspitzen über den dunklen Flur Richtung Küche schleichen
- Was ging dort vor sich?
- Das Herz schlug bis zum Hals.

2. Bild
- all seinen Mut zusammennehmen und in die Küche schauen
- ein unheimlicher Schatten auf der Küchenwand
- „Wer ist da?", fragte ich mit dünner Stimme.
- Leises Knurren antwortete mir.
- Eiskalt lief es mir den Rücken herunter.

3. Bild
- Plötzlich sprang etwas Dunkles durch das halb geöffnete Fenster.
- verschwand in der Dunkelheit

c So könnten der Höhepunkt deiner Geschichte aussehen.

Auf Zehenspitzen schlich ich über den **dunklen** Flur Richtung Küche. Was ging in der Küche vor sich? Mein Herz schlug mir bis zum Hals. Dann nahm ich all meinen Mut zusammen und schaute **vorsichtig** in die Küche. Ein **unheimlicher** Schatten bewegte sich auf der **schwach erleuchteten** Küchenwand. „Hallo, wer ist da?", hörte ich mich mit **dünner** Stimme fragen. Die Antwort war ein **leises** Knurren. Eiskalt lief es mir den Rücken hinunter. War da etwa ein Ungeheuer in der Küche? Plötzlich sprang der **dunkle** Schatten durch das halb geöffnete Küchenfenster und verschwand in der Dunkelheit.

Gründe, warum der Höhepunkt der Geschichte gelungen ist:
Anschauliche Adjektive werden verwendet.
Treffende Verben werden verwendet.
Es wird deutlich, was das Kind denkt und fühlt.
Wörtliche Rede wird genutzt (das Kind spricht).
Spannungsmelder (plötzlich, auf einmal, im Nu) sind eingebaut.
Als Zeitform wird das Präteritum verwendet.
Die Ich-Form wird durchgehalten.

Hinweis zur Bewertung von Aufgabe 13 c:
Gehe die folgenden Punkte nacheinander durch. Vielleicht kann dir auch eine Mitschülerin oder ein Mitschüler bei der Beurteilung helfen.
Notiere dir zu jedem Bereich, den du als gelungen bewertest, die angegebene Punktzahl.

- Hast du **anschauliche Adjektive** verwendet, z. B. *dunkel, unheimlich?* ☐ /4 Punkte
- Hast du **treffende Verben** verwendet, z. B. *schlich, schaute?* ☐ /4 Punkte
- Wird deutlich, was das Kind (Ich-Erzähler/-in) **denkt und fühlt,** z. B. Angst, Unsicherheit, Sorge? Unterstreiche diese Stellen mit Rot, z. B.: *Was ging dort vor sich? Mein Herz schlug bis zum Hals.* ☐ /4 Punkte
- Hast du **wörtliche Rede** verwendet? Spricht also das Kind? ☐ /2 Punkte
- Hast du als **Zeitform** das **Präteritum** verwendet *(ich nahm, ich ging)?* ☐ /2 Punkte
- Prüfe: Hast du die **Ich-Form** durchgehalten (z. B. *ich, mich, mir, mein*)? ☐ /2 Punkte

d So könnte deine Überschrift lauten:
Ein unheimlicher Besucher – Räuber in der Nacht
Hinweis zur Bewertung von Aufgabe 13 d:
Für eine passende Überschrift bekommst du 2 Punkte.
Prüfe: Passt deine Überschrift zum Thema und verrät nicht zu viel? ☐ /2 Punkte

Rechne deine Punkte aus der Aufgabe 13 c und d zusammen und notiere sie hier. ☐ /20 Punkte
Trage dann diese Punktzahl im Heft auf der Seite 95 oben bei der Aufgabe 13 ein.

Auswertung deiner gesamten Testergebnisse:
- Nachdem du deinen Lernstandtest mit Hilfe des Lösungsteils (S. 41–44) korrigiert hast, hast du auf den Seiten 99 bis 103 des Arbeitsheftes bei jeder Aufgabe deine Punktzahl eingetragen.
- Rechne aus, wie viele Punkte du in den Bereichen A „Texte verstehen", B „Rechtschreibung", C „Grammatik" und D „Spannend erzählen" erreicht hast.

Gesamtpunktzahl für:	deine Punktzahl	Höchst-punktzahl	Hinweise
A Texte verstehen		22	Du solltest von den 22 Punkten mindestens 11 Punkte erreicht haben. Wenn du weniger als 11 Punkte im Bereich „Texte verstehen“ hast, solltest du verstärkt Texte lesen. Lies die Texte genau und kläre alle Begriffe, die du nicht verstehst. Fasse bei jedem Text die wesentlichen Informationen zusammen. Die W-Fragen können dir dabei helfen. Bitte auch deine Deutschlehrerin oder deinen Deutschlehrer, dir entsprechende Übungen zu geben.
B Rechtschreibung		12	Du solltest von den 12 Punkten mindestens 6 Punkte erreicht haben. Wenn du weniger als 6 Punkte hast, solltest du den Bereich „Rechtschreibung“ im Arbeitsheft noch einmal üben (S. 67–97). Wiederhole auch die entsprechenden Regeln zur Rechtschreibung aus deinem Schülerbuch.
C Grammatik		24	Du solltest von den 24 Punkten mindestens 12 Punkte erreicht haben. Wenn du weniger als 12 Punkte hast, solltest du den Bereich „Grammatik“ im Arbeitsheft noch einmal üben (S. 31–66). Wiederhole auch die entsprechenden Regeln zur Rechtschreibung aus deinem Schülerbuch.
D Spannend erzählen		20	Du solltest von den 20 Punkten mindestens 10 Punkte erreicht haben. Wenn du weniger als 10 Punkte hast, solltest du den Bereich „Erzählen“ im Arbeitsheft noch einmal üben (S. 8–13). Wiederhole auch die entsprechenden Regeln und Beispiele zum Erzählen aus deinem Schulbuch.
den ganzen Test		78	

☺ **78–53 Punkte**	😐 **52–27 Punkte**	☹ **26–0 Punkte**
Du liegst im guten bis sehr guten Bereich. Vielleicht siehst du dir trotzdem noch einmal die Bereiche (siehe Tabelle oben) an, in denen du dich noch verbessern kannst.	**Einiges gelingt dir gut, manches musst du aber noch einmal üben.** Prüfe mit Hilfe der Tabelle oben, in welchen Bereichen (A, B, C oder D) du wenige Punkte hast. Diese Bereiche solltest du noch einmal üben.	**Du musst vieles wiederholen und noch einmal gründlich üben.** Prüfe mit Hilfe der Tabelle oben, in welchen Bereichen (A, B, C oder D) du wenige Punkte hast. Diese Bereiche solltest du noch einmal üben. Frage auch deinen Lehrer oder deine Lehrerin, wie du vorgehen kannst, um dich zu verbessern.

Texte überarbeiten – Sätze mit Proben verbessern .... 61 ____ ☐ ☐ ☐
Teste dich! – Satzglieder .... 62 ____ ☐ ☐ ☐

Satzarten unterscheiden 63
Die Satzreihe – Hauptsätze verknüpfen .... 63 ____ ☐ ☐ ☐
Das Satzgefüge – Hauptsatz und Nebensatz verknüpfen .... 64 ____ ☐ ☐ ☐
Teste dich! – Satzreihe und Satzgefüge .... 66 ____ ☐ ☐ ☐

Rechtschreibung | bearbeitet am | ☺ 😐 ☹

Was kannst du schon? – Rechtschreibung .... 67 ____ ☐ ☐ ☐

Strategien zum Rechtschreiben 69
Schwingen – Wörter in Silben sprechen .... 69 ____ ☐ ☐ ☐
Verlängern am Wortende .... 70 ____ ☐ ☐ ☐
Zerlegen und verlängern .... 71 ____ ☐ ☐ ☐
Ableiten – Wörter mit *ä* und *äu* .... 72 ____ ☐ ☐ ☐
Im Wörterbuch nachschlagen .... 73 ____ ☐ ☐ ☐
Teste dich! – Strategien zum Rechtschreiben .... 74 ____ ☐ ☐ ☐

Regeln zum Rechtschreiben 75
Offene und geschlossene Silben .... 75 ____ ☐ ☐ ☐
Doppelkonsonanten .... 77 ____ ☐ ☐ ☐
s-Laute .... 79 ____ ☐ ☐ ☐
das oder *dass?* .... 83 ____ ☐ ☐ ☐
i oder *ie?* .... 84 ____ ☐ ☐ ☐
Wörter mit *h* .... 86 ____ ☐ ☐ ☐
Wörter mit Doppelvokal .... 88 ____ ☐ ☐ ☐
Schwierige Laute: *V/v* .... 89 ____ ☐ ☐ ☐
Schwierige Laute: *ks* .... 90 ____ ☐ ☐ ☐
Teste dich! – Regeln zum Rechtschreiben .... 91 ____ ☐ ☐ ☐

Groß- und Kleinschreibung 92
Nomen erkennen .... 92 ____ ☐ ☐ ☐

Zeichensetzung 95
Komma bei Aufzählungen .... 95 ____ ☐ ☐ ☐
Zeichensetzung in der wörtlichen Rede .... 96 ____ ☐ ☐ ☐
Teste dich! – Großschreibung und Zeichensetzung .... 97 ____ ☐ ☐ ☐

Ich teste meinen Lernstand | bearbeitet am | ☺ 😐 ☹

A Texte verstehen .... 98 ____ ☐ ☐ ☐
B Rechtschreibung .... 101 ____ ☐ ☐ ☐
C Grammatik .... 101 ____ ☐ ☐ ☐
D Spannend erzählen .... 103 ____ ☐ ☐ ☐

So arbeitest du mit der Übersicht im Inhaltsverzeichnis:
Trage in die Spalte „bearbeitet am" das Datum ein, an dem du die Übung gemacht hast.
Überprüfe deine Lösungen mit dem Lösungsheft und trage dann ein, wie dir die Übungen gelungen sind:
☺ gut gemacht 😐 das meiste richtig ☹ häufig unsicher

⊕ Dieses Symbol kennzeichnet im Arbeitsheft (▸ S. 4–103) kniffelige Aufgaben oder Aufgaben für Schnellere.

Informieren

Einen Brief schreiben

Information Einen Brief schreiben

Jeder Brief hat eine **feste äußere Form** und einen **klar gegliederten Aufbau.**

Ort und Datum	Heilbronn, den 1.10.20...
Anrede	Hallo Rudi,
Einleitung	endlich komme ich dazu, dir einen Brief zu schreiben. Sicher bist du schon sehr neugierig, wie es bei mir in der neuen Schule läuft.
Hauptteil	Vor zwei Wochen war mein erster richtiger Schultag. Du kannst dir nicht vorstellen, ...
Schluss	Wie war deine erste Woche? Hast du schon ...? Ich hoffe, du schreibst mir zurück.
Grußformel	Bis bald
Unterschrift	deine Mira

1 Tobi hat einen Brief geschrieben, der noch vier Lücken aufweist. Lies den Brief.

____

____________________!

Gerade sitze ich gemütlich in meinem Zimmer und denke an meine alte Grundschule. Da kam mir die Idee, euch einen Brief zu schreiben und von der neuen Schule zu erzählen.
Die ersten drei Schulwochen sind so schnell vergangen und waren richtig schön. Aber wisst ihr, was wirklich blöd ist? Ich gehöre jetzt wieder zu den Kleinen auf der Schule. Da müsst ihr jetzt lachen, oder?
Ihr könnt euch gar nicht vorstellen, wie groß die neue Schule ist. Ich habe mich schon mehrmals verirrt. Denn es gibt nicht nur einen Klassenraum, sondern bestimmte Fachräume, z. B. einen für Biologie und einen für Physik. Die neuen Fächer sind toll. Na? Werdet ihr schon neugierig auf eure neue Schule im nächsten Schuljahr? Seid ihr schon nervös? Ihr könnt ganz beruhigt sein: Man lebt sich auf der neuen Schule schneller ein, als man denkt. Manchmal vermisse ich aber unsere Grundschule.
Wie geht es euch als den neuen „Großen" an der Grundschule? Ich würde mich freuen, von euch zu hören.

____

____

2 **a** Ergänze den folgenden Satzanfang: An wen schreibt Tobi seinen Brief?

Tobi schreibt den Brief an ____________________

b Fülle die vier Lücken im Brief (zwei am Anfang, zwei am Ende).

c In einem Brief gehst du auf die Empfängerin oder den Empfänger wie bei einem Gespräch ein. Markiere Textstellen, in denen Tobi seine Empfängerinnen und Empfänger direkt anspricht oder Fragen stellt.

3 **a** **Schau dir die beiden Einträge aus einem Schulheft genau an.**

1	2
25.04.2025	
Thema Anredepronomen	Thema Anredepronomen
Das habe ich gelernt	Das habe ich gelernt (Spickzettel)
Personen, die man siezt: → Anredepronomen großgeschrieben: Haben Sie Zeit? Wie geht es Ihnen? Alle anderen Pronomen schreibt man klein: Hast du Zeit? Lisa sucht ihre Jacke. Wie geht es dir?	Personen, die man siezt: Anredepronomen großschreiben: Haben Sie Zeit? Wie geht es Ihnen? Alle anderen Pronomen schreibt man klein: Hast du Zeit? Lisa sucht ihre Jacke.

b **Welcher Hefteintrag ist besser gelungen? Kreuze an.**

☐ Nummer 1 ☐ Nummer 2

4 **Formuliere drei weitere „knackige" Tipps für eine gute Heftführung.**

1. Vergiss das Datum nicht! 2. ______

3. ______ 4. ______

5 **Groß oder klein? Ergänze im folgenden Briefausschnitt passende Pronomen und achte auf die richtige Schreibweise.**
TIPP: In sechs Lücken gehören Anredepronomen, die großgeschrieben werden müssen.

Schreibe die **Anredepronomen groß,** wenn du jemanden **siezt,** z. B.:
Wie geht es Ihnen? Haben Sie Zeit?
Alle anderen Pronomen schreibst du klein, z. B.:
Julia sucht ihre Jacke. Wie geht es dir?

Liebe Frau Hain! Tettnang, den 17.9.20...

______ haben uns gebeten, ______ in einem Brief zu schreiben, was uns in der neuen Klasse gut gefällt. Dazu kann ich ______ eine Menge sagen. Ich finde, dass ______ tolle Ideen haben, damit unsere Klassengemeinschaft gut funktioniert. Der gemeinsame Spielenachmittag mit ______ hat mir auch gut gefallen. Obwohl einige Kinder ______ Spiele zu Hause vergessen hatten, durften ______ mitspielen. Mir hat gefallen, dass ______ als Klassenlehrerin nicht geschimpft haben.

6 **Vergleiche die Briefausschnitte auf Seite 4 oben und Seite 5 unten. Notiere in deinem Heft, wie man nach Ausrufezeichen oder Komma nach der Anrede jeweils weiterschreibt. Groß oder klein?**

Erzählen

Eine spannende Erzählung untersuchen

Information **Eine Erzählung aufbauen und spannend gestalten**

Eine Erzählung braucht einen **roten Faden,** der die Leserinnen und Leser durch die Geschichte leitet.

- In der **Einleitung** informierst du über **Ort** und **Zeit** der Handlung und stellst die **Hauptfiguren** vor. Außerdem weckst du die **Neugier** der Lesenden, indem du z. B. etwas Unerwartetes ankündigst.
- Im **Hauptteil steigerst du die Spannung** schrittweise bis zum Höhepunkt. Verwende dafür **treffende Verben, anschauliche Adjektive** und **Spannungsmelder,** z. B.: *schlagartig, plötzlich, heimlich, ...* **Nutze außerdem die wörtliche Rede** und erzähle, was deine Hauptfigur fühlt und denkt.
- Zum **Schluss** erzählst du, wie die Geschichte ausgeht, und rundest die Handlung ab.

Von einem spannenden Ereignis erzählst du im **Präteritum** (1. Vergangenheit) und meist in der **Ich-Form,** z. B.: *Als ich an diesem Morgen aufwachte, hörte ich als Erstes ein sehr seltsames Geräusch ...*

1 **Lies die Information oben und die folgende Erzählung sorgfältig. Untersuche dann mit Hilfe der Aufgaben auf Seite 7, inwiefern die Erzählung gelungen ist.**

____

Schon seit einer Stunde sehnte ich mich nach dem erlösenden Schulgong. Ich wollte unbedingt nach Hause, um mit Max und meinem neuen Hund Luna, einer jungen Mischlingsdame, durch die Straßen unserer Neubausiedlung zu streifen. Doch leider sollte meine Freude an diesem Nachmittag nur von kurzer Dauer sein.

Einleitung

Max und ich rannten und tollten mit Luna, riefen ständig ihren Namen und brachten ihr kleine Kunststücke bei. Da kam mir aus lauter Übermut die Idee, Luna von der Leine zu lassen. „Bist du übergeschnappt, Lea?", fragte Max. „Du hast Luna doch erst seit einer Woche!" „Ach, komm!", sagte ich, lächelte überlegen und machte Luna los. Sie war ja schließlich mein Hund! Dann ging leider alles sehr schnell: Blitzartig drehte Luna sich um, sauste um die nächste Häuserecke davon und war verschwunden. Max und ich suchten jede Straße der Siedlung ab und schrien uns die Kehle heiser: „Luuuna! Luuuna, komm zurück!" Aber der Hund kam nicht. Was, wenn Luna für immer weg war? Ich war verzweifelt und wollte schon aufgeben, als Max plötzlich zischte: „Pst! Ich höre etwas!" Tatsächlich: Aus der Ferne drang ein klägliches Winseln zu uns herüber. „Das ist sie!", rief ich. Das Winseln kam von einer Baustelle. Ich rannte los und entdeckte Luna ganz unten auf dem Boden einer finsteren Baugrube. Wie sollten wir sie aus diesem tiefen Loch bloß herausholen? Wir blickten uns fieberhaft um und fanden schließlich ein langes Brett, das wir vorsichtig in die Grube hinabließen. Erst verstand Luna nicht, was sie machen sollte. Aber dann lief sie doch wie auf einem Bootssteg zu uns hinauf. Ich war überglücklich, als ich sie endlich in die Arme schließen konnte.

Hauptteil

Auf dem Heimweg leinte ich Luna an, was ihr gar nicht gefiel. Sie war schon wieder bereit für neue Abenteuer. Doch Max und mir reichte es. Wir wollten nur noch nach Hause.

Schluss

2 **Macht die Einleitung wichtige Angaben zum Verständnis der Handlung und weckt sie die Neugier?**

a **Beantworte mit Hilfe der Einleitung die folgenden W-Fragen:**

Wer sind die Hauptfiguren? Ich-Erzählerin (= Lea), ______

Wo spielt die Handlung? ______

Wann spielt die Handlung? ______

b **Erkläre, warum die unterringelte Textstelle auf Seite 6 (Z. 3–4) die Lesenden neugierig macht.**

Die Textstelle macht neugierig, weil ______

______

3 **Im Hauptteil wird mit verschiedenen sprachlichen Mitteln Spannung erzeugt.**

a **Ordne die unterstrichenen Textstellen (Z. 12–14) den folgenden fünf Punkten zu.**

b **Ergänze aus dem Hauptteil noch zwei Verben, zwei Adjektive und einen Spannungsmelder.**

1 treffende Verben: ______

2 anschauliche Adjektive: ______

3 Gedanken und Gefühle: ______

4 wörtliche Rede: ______

5 Spannungsmelder (verdeutlichen, dass gleich etwas Überraschendes oder Spannendes geschehen wird):

______

4 **Formuliere eine passende Überschrift zu der Geschichte. Schreibe sie auf die Linie auf Seite 6. Beachte: Die Überschrift soll die Leserinnen und Leser neugierig machen, aber noch nicht alles verraten.**

5 **Spannende Geschichten werden meist im Präteritum erzählt. Streiche in den Sätzen die Präsensformen durch und ersetze sie durch das Präteritum.**

Schon während ich die Tür ~~öffne~~ öffnete, läuft ______ Luna auf mich zu.
Sie springt ______ an mir hoch und wartet ______ darauf,
dass ich ihr das Fell kraule ______. Zuerst bekommt ______
sie aber ihr kleines Leckerli.

Ein Erlebnis spannend erzählen

Information **Den Aufbau einer Erzählung planen**

Den **Aufbau** deiner Erzählung solltest du **sorgfältig planen.** Achte besonders darauf, dass die **Reihenfolge der einzelnen Erzählschritte** sinnvoll ist. Lege dafür einen **Schreibplan** an, z. B. in Form einer **Lesefieberkurve.**

1 Schau dir das Bild genau an und überlege, was hier geschehen sein könnte.

2 Ordne die folgenden Erzählbausteine sinnvoll.
Trage die Buchstaben richtig auf der Lesefieberkurve unten ein, dann ergibt sich ein Lösungswort.

- R Schaffnerin kümmert sich und verständigt Bahnpolizei
- F Mutter und Alex haben Durst, weil es im Zug sehr heiß ist
- H Zug fährt ohne Mutter weiter; Alex verzweifelt
- A Zug hält, Mutter steigt aus, um Getränk zu kaufen
- B Mutter und Alex im Zug
- A Onkel Markus zu seinem Geburtstag besuchen
- T Zwei Stunden später: Treffen am Hauptbahnhof in Hamburg

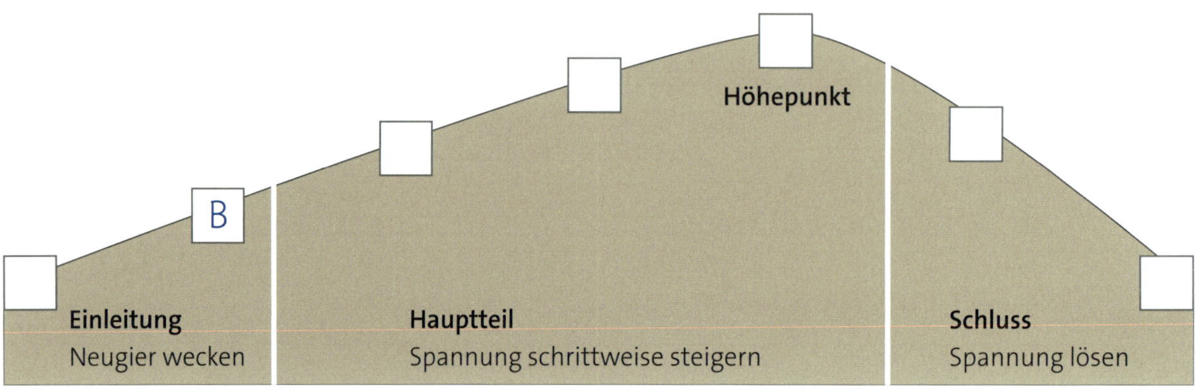

Information **Eine spannende Einleitung schreiben**

Gute Erzählerinnen und Erzähler fesseln ihre Leserinnen und Leser gleich zu Beginn. Dazu gibt es einige Erzähltricks, die du mit ein bisschen Übung auch kombinieren kannst:

Erzähltricks für die Einleitung:	**Beispiele:**
Kündige ein unerwartetes Ereignis an:	▪ *Hätten wir geahnt, dass ...* ▪ *Zu diesem Zeitpunkt war alles noch in Ordnung.*
Beginne deine Geschichte mit wörtlicher Rede:	▪ *„Vergiss nicht, die Wohnungstür wieder zu schließen!", rief Mutter. „Zum Abendessen bin ich zurück."*

3 **Prüfe die beiden Vorschläge für eine Einleitung.**

Text A „Wenn bloß jetzt nichts schiefgeht", seufzte Mutter und machte es sich in ihrem Sitz gemütlich. „Was soll schon schiefgehen?", lachte ich. „Die Bahn ist besser als ihr Ruf." Mutter grinste und schaute aus dem Abteilfenster. Noch waren wir beide bester Laune. Es war ein herrlicher Sommertag und wir freuten uns riesig auf den Besuch bei Onkel Markus.

Text B Es war ein herrlicher Sommertag ohne die winzigste Wolke am Himmel. Mutter und ich saßen seit einer halben Stunde im Zug und freuten uns schon sehr auf das Wiedersehen mit Onkel Markus. Wir konnten ja nicht ahnen, dass unser Ausflug noch zu einem richtigen Albtraum werden sollte.

a **Kreuze an, welche wichtigen Angaben zur Handlung die beiden Einleitungen beantworten.**

Text A: ☐ Wer? ☐ Wann? ☐ Wo?

Text B: ☐ Wer? ☐ Wann? ☐ Wo?

b **Erkläre, wie die beiden Einleitungen die Neugier der Lesenden wecken. Beachte: Bei Einleitung A kannst du zwei Erklärungen finden.**

Einleitung A fesselt die Lesenden, indem ______________________

____

____

____

Einleitung B ist spannend, weil im letzten Satz ______________________

____

____

4 **Verfasse eine eigene Einleitung zur Geschichte oben in dein Heft. Schreibe in der Ich-Form.**

Information **Den Hauptteil spannend und anschaulich erzählen**

Im **Hauptteil** kannst du mit Hilfe verschiedener sprachlicher Mittel **Spannung erzeugen:**
- Verwende **anschauliche Adjektive,** z. B.: *grauenhaft, riesengroß, pechschwarz.*
- Verwende **treffende Verben,** z. B.: *keuchen, stürzen, glotzen, kreischen.*
- Verdeutliche **Gedanken und Gefühle,** z. B.: *Mein Herz krampfte sich zusammen, ich konnte kaum noch atmen. / „Das kann doch nicht wahr sein!“, schoss es mir durch den Kopf.*
- Nutze **wörtliche Rede,** z. B.: *„Stopp!“, brüllte ich aus Leibeskräften.*
- Baue **Spannungsmelder** ein, z. B.: *plötzlich, auf einmal, schlagartig.*

5 **Markiere die Adjektive und Verben in den Klammern, die am besten zum folgenden Erlebnis passen. Frage dich: Welches Adjektiv ist am anschaulichsten? Welches Verb trifft es am besten?**

Die Abfahrt des Zuges verzögerte sich. Die Klimaanlage war ausgefallen und im Abteil wurde es immer (heißer/wärmer). „Das ist ja nicht auszuhalten", (sagte/stöhnte) meine Mutter. „Ich kaufe uns schnell etwas zu trinken." Plötzlich saß ich (mutterseelenallein/allein) im Abteil. Die Minuten vergingen. (Gelangweilt/Nervös) hielt ich Ausschau nach meiner Mutter. Da ertönte auf einmal ein (leiser/schriller) Pfiff, der Lautsprecher des Abteils begann zu knistern und die Stimme aus dem Lautsprecher (brüllte/meinte): „Meine Damen und Herren, wir setzen unsere Fahrt jetzt fort."

6 **Auf dem Höhepunkt der Geschichte hat Alex Angst. Ergänze links Adjektive und rechts Verben, die dies zum Ausdruck bringen. Die Adjektive sollen zu den vorgegebenen Nomen passen.**

Angst haben

Adjektive mit Nomen

kalter Schweiß, ________

________ Knie,

________ Hände

________ vor Schreck

Verben

frösteln, stottern, ________

stammeln, ________

____

____

7 **Nutze die wörtliche Rede, um deine Geschichte noch spannender zu machen. Ergänze den folgenden Textabschnitt in deinem Heft.**

Ich schrie: „Halt! Stoppen Sie ...!"
Die Schaffnerin schaute mich ungläubig an und fragte: „Was ist ...?"
„Meine Mutter", stammelte ich, „sie ist ...!"
„Keine Angst!", beruhigte mich die Schaffnerin.
„Ich werde sofort ..."

Mit Hilfe der **wörtlichen Rede** wird deine Geschichte besonders lebendig. Verwende passende Wörter des Sagens *(schreien, stammeln, erklären, fragen ...)* und achte auf die Zeichensetzung in der wörtlichen Rede (► S. 96).

8 **Schreibe einen eigenen Hauptteil zum Erlebnis oben in dein Heft.**

Information **Den Schluss einer spannenden Geschichte schreiben**

Erzähltricks für den Schluss:	Beispiele:
A Den Ausgang der Geschichte erzählen und das **Erlebnis abschließen:**	*Der Dieb ließ sich ohne weitere Schwierigkeiten von der Polizei abführen.*
B Auf die **Einleitung zurückgreifen,** sodass Einleitung und Schluss einen Rahmen um die Geschichte bilden:	*So trafen wir uns einige Stunden später wieder im selben Café und unterhielten uns noch lange über die Ereignisse dieses denkwürdigen Tages.*
C Den Schluss der Geschichte **offenlassen:**	*Den Sturm hatten wir überstanden. Aber noch waren wir nicht in Sicherheit.*
D Mit einer Schlussbemerkung **zum Nachdenken anregen:**	*Auf jeden Fall werde ich versuchen, in Zukunft einen kühlen Kopf zu bewahren.*

9 **Welche zwei Erzähltricks findest du in dem folgenden Schluss: A + D, C + D oder B + D?**

Notiere die beiden richtigen Buchstaben: ______________________________

Fast zwei Stunden später konnte ich meiner Mutter auf dem Hamburger Hauptbahnhof um den Hals fallen. Sie hatte Tränen in den Augen, als sie meinte: „Ganz egal, wie heiß es ist und wie viel Durst ich habe, so schnell lasse ich dich bestimmt nicht mehr allein. Versprochen!"

10 **a** **Kreuze an, welchen Erzähltrick du für deinen Schluss verwenden willst.**
Beachte: Du kannst A und B auch mit D kombinieren.

☐ A ☐ B ☐ C ☐ D

b **Schreibe einen eigenen Schluss zum Erlebnis oben in dein Heft.**

11 **Notiere eine Überschrift für deine Erzählung. Sie soll neugierig machen, aber nicht zu viel verraten.**

____

⊕ **12** **Die Gestaltung des Höhepunkts ist im folgenden Textausschnitt nicht ganz gelungen. Ergänze anschauliche Adjektive, treffende Verben, Gedanken und Gefühle, wörtliche Rede und Spannungsmelder. Schreibe den Text verbessert in dein Heft.**

Dann aber kam die Nachricht aus dem Lautsprecher, dass die Fahrt fortgesetzt würde. Alle stiegen ein, nur Mutter fehlte. Ich hörte, wie die Türen zugingen und einen lauten Pfiff. Genau in dem Moment, in dem der Zug anfuhr, lief Mutter auf den Bahnsteig und winkte. Ich war mit dieser Situation völlig überfordert.

Nach Bildern erzählen

Information **Nach Bildern lebendig und anschaulich erzählen**

- Betrachte das Geschehen auf den Bildern genau und erschließe den **roten Faden der Handlung:** **Wo** spielt die Geschichte (Ort)? **Wann** findet sie statt (Zeit)? **Welche Figuren** kommen vor? Welches Bild zeigt den **Höhepunkt?**
- Lege eine **Ich-Erzählerin** oder einen **Ich-Erzähler** fest: Aus der Sicht welcher Figur willst du erzählen?
- Gestalte deine Erzählung sprachlich **lebendig** und **anschaulich** aus: Schildere auch die Mimik (Gesichtsausdruck) und Gestik (Körpersprache) der Figuren.
- Gib deinen Figuren Namen.

1 Diese Bildergeschichte ist durcheinandergeraten. Bringe die Bilder in eine sinnvolle Reihenfolge, indem du sie nummerierst.

2 **a** Was geschieht auf den Bildern? Notiere neben den Bildern Stichworte zur Handlung.
b Frage dich, was zwischen den einzelnen Bildern passieren könnte, und notiere es auf den Zeilen.

3 **Diese Geschichte kannst du aus Maikes Sicht besonders spannend erzählen. Begründe, warum.**

Aus Maikes Sicht kann man besonders spannend erzählen, weil ______________________

____

____

____

4 **a Beantworte mit Hilfe der Einleitung die folgenden W-Fragen zur Handlung:**

Wer sind die Hauptfiguren? Ich-Erzählerin (= Maike), ______________________

Wo spielt die Handlung? ______________________

Wann spielt die Handlung? ______________________

b Wie willst du die Neugier deiner Leserinnen und Leser in deiner Einleitung wecken? Entscheide dich für A oder B oder für eine Kombination aus A + B. Kreuze an.

☐ A ein unerwartetes Ereignis ankündigen

☐ B mit wörtlicher Rede beginnen

☐ A + B ein unerwartetes Ereignis ankündigen und mit wörtlicher Rede beginnen

5 **Im Hauptteil deiner Geschichte erzählst du spannend.**
Umkreise Formulierungen, die Maikes Angst anschaulich wiedergeben.
Streiche langweilige Formulierungen durch.

Ich war starr vor Schreck. • Das Herz schlug mir bis zum Hals. •
Das war wirklich interessant. • Mein Puls raste. •
Es stellte sich ein Problem. • Mein Atem stockte. •
Jetzt war es um mich geschehen. • Ich war beunruhigt. •
Mein Herz blieb fast stehen.

6 **Formuliere drei Sätze in wörtlicher Rede in deinem Heft. Verwende treffende Verben aus dem Wortfeld *sagen*, z. B. *schreien, bitten, flehen, befehlen, drohen, auffordern*.**

„Was willst du von mir?", schrie ich dem Gespenst entgegen, das immer näher kam.

7 **a Verfasse eine vollständige Bildergeschichte in der Ich-Form. Schreibe im Präteritum.**
b Finde eine Überschrift für deine Geschichte, die neugierig macht, aber noch nicht zu viel verrät.

⊕ **8** **Stelle dir vor: Maike verkleidet sich im Zelt ebenfalls als Gespenst. Dann begegnen sich die beiden Gespenster im finsteren Garten. Erzähle den Hauptteil der Geschichte aus der Sicht Claras.**

Einen Schwank nacherzählen

Information **Nacherzählen**

Beim Nacherzählen müssen die **Handlungsschritte** der ursprünglichen Geschichte **in der richtigen Reihenfolge** wiedergegeben werden.

- **Wichtiges** darf man **nicht auslassen** und man sollte **nichts Neues hinzufügen.**
- Die Nacherzählung wird **mit eigenen Worten** formuliert.
- Die **Zeitform der Vorlage,** meist das Präteritum, sollte man auch in der Nacherzählung **verwenden.**
- Der **Spannungsbogen** der Vorlage wird in der Nacherzählung **beibehalten.**

Erich Kästner

Wie Eulenspiegel einem Esel das Lesen beibrachte

Eine Zeit lang beschäftigte sich Eulenspiegel damit, dass er von Universität zu Universität zog, sich überall als Gelehrter ausgab und die Professoren und Studenten neckte. Er behauptete, alles zu wissen und zu können. Und er beantwortete tatsächlich sämtliche Fragen, die sie ihm vorlegten. Bei dieser Gelegenheit kam er schließlich nach Erfurt. Die Erfurter Studenten und ihr Rektor hörten von seiner Ankunft und zerbrachen sich den Kopf, was für eine Aufgabe sie ihm stellen könnten. „Denn so wie denen in Prag", sagten sie, „soll es uns nicht ergehen. Er soll nicht uns, sondern wir wollen ihn hereinlegen."

Endlich fiel ihnen etwas Passendes ein. Sie kauften einen Esel, bugsierten das störrische Tier in den Gasthof „Zum Turm", wo Eulenspiegel wohnte, und fragten ihn, ob er sich zutraue, dem Esel das Lesen beizubringen.

„Selbstverständlich", antwortete Till. „Doch da so ein Esel ein dummes Tier ist, wird der Unterricht ziemlich lange dauern." „Wie lange denn?", fragte der Rektor der Universität.

„Schätzungsweise zwanzig Jahre", meinte Till.

Und hierbei dachte er sich: Zwanzig Jahre sind eine lange Zeit. Bis dahin stirbt vielleicht der Rektor. Dann geht die Sache gut aus. Oder ich sterbe selber. Oder der Esel stirbt, und das wäre das Beste.

Der Rektor war mit den zwanzig Jahren einverstanden. Eulenspiegel verlangte fünfhundert alte Groschen für seinen Unterricht.

Man gab ihm einen Vorschuss und ließ ihn mit seinem vierbeinigen Schüler allein.

Till brachte das Tier in den Stall. In die Futterkrippe legte er ein großes altes Buch und zwischen die ersten Seiten des Buches legte er Hafer. Das merkte sich der Esel.

Und um den Hafer zu fressen, blätterte er mit dem Maul die Blätter des Buches um. War kein Hafer mehr zu finden, rief der Esel laut: „I-a, i-a!" Das fand Eulenspiegel großartig, und er übte es mit dem Esel wieder und wieder. Nach einer Woche ging Till zu dem Rektor und sagte: „Wollen Sie bei Gelegenheit einmal mich und meinen Schüler besuchen?"

„Gern", meinte der Rektor. „Hat er denn schon einiges gelernt?"

„Ein paar Buchstaben kann er bereits", erklärte Eulenspiegel stolz. „Und das ist ja für einen Esel und für eine Woche Unterricht allerhand."

Schon am Nachmittag kam der Rektor mit den Professoren und Studenten in den Gasthof und Till führte sie in den Stall. Dann legte er ein Buch in die Krippe. Der Esel, der seit einem Tag kein Futter gekriegt hatte, blätterte hungrig die Seiten des Buches um. Und da Eulenspiegel diesmal überhaupt keinen Hafer ins Buch gelegt hatte, schrie das Tier unaufhörlich und so laut es konnte: „I-a, i-a, i-a!"

„I und A kann er schon, wie Sie hören", sagte Eulenspiegel. „Morgen beginne ich damit, ihm O und U beizubringen."

Da gingen die Herren wütend fort. Der Rektor ärgerte sich so sehr, dass ihn bald darauf der Schlag traf. Und Till jagte den Esel aus dem Stall. „Scher dich zu den anderen Erfurter Eseln!", rief er ihm nach. Dann schnürte er sein Bündel und verließ die Stadt noch am selben Tag.

1 Kläre Wörter oder Wendungen, die du nicht verstanden hast, z. B. mit einem Wörterbuch.

2 **Fasse den Inhalt der folgenden Sinnabschnitte jeweils in zwei oder drei Sätzen zusammen.**

Z. 1–13: ______________________________

____

____

Z. 14–32: ______________________________

____

____

Z. 33–49: ______________________________

____

____

Z. 50–67: ______________________________

____

____

3 **Wähle aus den folgenden Aussagen zu jedem Sinnabschnitt jeweils die zutreffende aus. Trage die entsprechenden Buchstaben in die Kästchen 1 bis 4 unter der Aufgabe ein. Wie lautet das Lösungswort?**

1 Zeile 1 bis 13:	Till Eulenspiegel ist ein Gelehrter, der alles weiß und kann, doch an der Universität von Erfurt wollen der Rektor und die Studenten schlauer sein als er und ihn hereinlegen.	L
	Till Eulenspiegel gibt vor, er ein Gelehrter zu sein, der alles weiß und kann, doch an der Universität von Erfurt will man ihn entlarven.	E
2 Zeile 14 bis 32:	Die Erfurter fordern Eulenspiegel auf, einem Esel das Lesen beizubringen, und Eulenspiegel sagt zu und verlangt 20 Jahre Zeit, denn er denkt, in dieser Zeit kann er es schaffen.	I
	Als die Erfurter Eulenspiegel damit testen wollen, dass er einem Esel das Lesen beibringen soll, verlangt er dafür listig 20 Jahre Zeit, da er hofft, dass sich die Sache durch den Tod eines Beteiligten bis dahin von selbst erledigt.	S
3 Zeile 33 bis 49:	Nun übt Eulenspiegel mit dem Esel: Er bringt ihm zwar nicht das Lesen bei, legt aber Hafer in ein Buch, sodass der Esel die Seiten umblättert und „I-a" ruft, wenn der Hafer aufgefressen ist.	E
	Zufällig entdeckt Eulenspiegel, dass der Esel „I-a" ruft, wenn er ihn in einem Buch blättern lässt, in dem Hafer liegt, also übt er mit im fleißig das Lesen und macht so große Fortschritte, dass er den Rektor einlädt.	S
4 Zeile 50 bis 67:	Als nach einer Woche der Erfurter Rektor zu Till kommt, liest der Esel aus einem Buch die Buchstaben i und a vor und der Rektor ärgert sich über Eulenspiegels Erfolg so, dass er einen Herzinfarkt erleidet.	T
	Als er dem Rektor die Lernerfolge des Esels vorführt, legt Eulenspiegel keinen Hafer ins Buch, sodass der Esel beim Umblättern ständig „I-a" ruft, als ob er lesen könne, sodass Eulenspiegel die Erfurter überlistet hat.	L

Das Lösungswort lautet: ___ ___ ___ ___

4 a Beim Nacherzählen musst du eine Geschichte mit eigenen Worten wiedergeben. Schreibe für folgende Formulierungen aus dem Schwank eigene Formulierungen auf.

Z. 2–4: dass er [...] die Professoren und Studenten neckte: ____________________

____

Z. 15 –17: sie [...] bugsierten das störrische Tier in den Gasthof: ____________________

____

Z. 40–41: er übte es mit dem Esel wieder und wieder: ____________________

____

Z. 49–50: Und das ist ja [...] allerhand: ____________________

____

Z. 58: schrie das Tier unaufhörlich: ____________________

____

Z. 68–69: Dann schnürte er sein Bündel: ____________________

____

b Kennzeichne im Schwank auf Seite 14 weitere Formulierungen, die du in deiner Nacherzählung ersetzten solltest. Notiere die veränderten Formulierungen in deinem Heft.

⊕ **5 Paul hat die ersten Sätze seiner Nacherzählung formuliert, aber zufrieden ist er damit noch nicht. Schreibe eine verbesserte Fassung auf.**

Vorsicht Fehler!

Till Eulenspiegel tat eine Weile so, als sei er ein Gelehrter. Er verarschte die Professoren mehrerer Universitäten. Das gelang ihm immer. Dann kam er nach Erfurt. Dort sagte man sich an der Uni, wir wollen ihn hereinlegen. Dann hatten die Professoren eine Idee: Sie fragten Till, kannst du einem Esel das Lesen beibringen?

____

____

____

____

____

____

6 Verfasse eine komplette Nacherzählung des Schwanks „Wie Eulenspiegel einem Esel das Lesen beibrachte“. Schreibe in dein Heft.

Beschreiben

Eine Tierbeschreibung untersuchen

Information **Ein Tier beschreiben**

Wenn du ein Tier beschreiben willst, zum Beispiel für ein Tiermagazin, kannst du so vorgehen:
- Finde eine treffende **Überschrift,** die etwas über das Tier aussagt, z. B.: *Das schwerste Landsäugetier.*
- Beginne mit der **Tierart** (oder dem Tiernamen) und informiere über die **Besonderheit** des Tieres.
- Beschreibe dann die **Größe** (evtl. Gewicht) und das **Aussehen** des Tieres. Gehe auf besondere Kennzeichnen ein und beschreibe **Farben** und **Formen** der **Körperteile,** z. B. Körperbau, Farbe und Muster des Fells, Kopfform, Ohren, Augen, Maul.
  TIPP: Beschreibe die Merkmale in einer sinnvollen Reihenfolge, z. B. vom Kopf zum Schwanz.
- Informiere zum **Schluss** z. B. über **Verhalten, Lebenserwartung, Lebensraum** oder **Nahrung** etc.

1 Lies die Information oben und die folgende Tierbeschreibung:

Das schwerste Landsäugetier

Einleitung: Auf dem Foto seht ihr einen afrikanischen Elefanten. Diese Tierart ist ein echter Rekordhalter, denn die afrikanischen Elefanten sind die schwersten an Land lebenden Säugetiere.

Hauptteil: Afrikanische Elefantenbullen, also männliche Elefanten, haben eine Größe von 3,20 bis 4 Metern und wiegen zwischen 5000 und 7500 Kilogramm. Sie wiegen damit etwa so viel wie sieben Autos. Kennzeichnend für diese Tiere sind die graue Lederhaut, die großen Ohren und der lange Rüssel, mit dem die Elefanten essen und trinken. Die langen, weißen Stoßzähne des Elefanten sitzen am Ansatz des Mauls. Unterhalb der breiten Stirn liegen rechts und links vom Rüsselansatz die kleinen, schwarzen Augen. Die großen Ohren des afrikanischen Elefanten können einen Durchmesser von bis zu zwei Metern erreichen. Der mächtige, rundliche Körper des Elefanten wird von vier säulenartigen Beinen getragen. Afrikanische Elefanten haben außerdem einen etwa einen Meter langen Schwanz.

Schluss: Elefanten sind nicht nur große, sondern auch sehr intelligente Tiere, die bis zu 60 Jahre alt werden können. Sie ernähren sich ausschließlich von Pflanzen und haben dank ihrer Größe – abgesehen vom Menschen – keine natürlichen Feinde.

2 Trage alle wichtigen Informationen aus der Tierbeschreibung im folgenden Steckbrief zusammen.

Tierart und Besonderheit: ______________________________

Größe und Gewicht: ______________________________

Aussehen: ______________________________

____

weitere Informationen (z. B. Lebenserwartung, Nahrung): ______________________________

____

Ein Tier anschaulich und genau beschreiben

Information Eine Tierbeschreibung (z. B. für ein Tiermagazin) sprachlich gestalten

- Verwende **treffende Adjektive** *(kugelrund, lang, gescheckt)* und **Fachbegriffe** *(Mähne, Hörner).*
- Schreibe sachlich, also **ohne persönliche Wertung,** z. B.:
  Das Tier hat ~~süße Augen~~ kleine, schwarze Augen.
- Verfasse deine Beschreibung im **Präsens** (Gegenwartsform).

1 Auch Giraffen sind wahre Rekordhalter, denn sie sind die höchsten Tiere der Welt.
Die hier abgebildete Giraffe sollst du für ein Tierlexikon beschreiben.

a Beschrifte die Körperteile mit passenden Fachbegriffen. Der Wortspeicher unten links hilft dir.

b Beschreibe die Körperteile der Giraffe genauer. Beschrifte dazu jedes Körperteil mit mindestens einem passenden Adjektiv aus dem Wortspeicher unten rechts.

Begriffe/Fachbegriffe
Hufe • Mähne • Nüstern • Hörner • Ohren • Schwanz • ~~Quaste~~ • Beine • Hals • Fell mit Flecken • Augen • Wimpern

Adjektive
hell • gelbbraun • kurz • rotbraun • weiß • schwarz • struppig • klein • lang • glatt • buschig • dünn • spitz • schmal • oval • rund • mandelförmig • kurz • dunkel

2 **Wo findest du welche Informationen? Trage die Buchstaben B, G, W in die richtigen Kästchen ein. Besonderheit (Rekordmerkmal) des Tieres (B), Größe und Gewicht (G), weitere Informationen (W).**

☐ Giraffenbulle (männliche Giraffe): 6 Meter Höhe, ungefähr 1600 Kilogramm Gewicht

☐ Giraffen sind die höchsten und langbeinigsten Tiere der Welt.

☐ Lebenserwartung in freier Wildbahn: 25 Jahre (im Zoo auch älter) – reine Pflanzenfresser

3 **Ordne deine Notizen aus der Skizze (► S. 18) und aus der Aufgabe 2 oben in den folgenden Steckbrief ein.**

Steckbrief

Name/Tierart: ______________________________

Besonderheit (Rekordmerkmal): ______________________________

Größe/Gewicht: ______________________________

Aussehen:

- Körperbau: ______________________________
- Farbe und Muster des Fells: ______________________________
- Kopfform, Ohren, Augen, Maul usw.: ______________________________

____

weitere Informationen: ______________________________

____

4 **Verfasse in deinem Heft eine Beschreibung der Giraffe für ein Tierlexikon. Schreibe im Präsens und nutze deine Stichworte aus dem Steckbrief. Die folgenden Formulierungen können dir helfen.**

Überschrift	Das höchste ...
Einleitung Tierart, Besonderheit	Die Giraffe ist das höchste Säugetier der Welt.
Beschreibung Aussehen Größe, Gewicht, Körperbau, Farbe und Muster des Fells, Kopfform, Ohren, Augen usw.	Giraffenbullen haben eine Größe von ... und wiegen ... Ihr Körper wirkt ... Das ... Fell der Giraffe ... Ihr Kopf ist im Verhältnis zum Körper ... Er sitzt ...
Schluss, z. B. Lebenserwartung	...

⊕ **5** **Warum beschreibt man Tiere? Notiere weitere Anlässe in deinem Heft.**

Argumentieren

Eine schriftliche Argumentation untersuchen

Information **Meinung begründen (Argumentieren)**

Wenn du andere von deiner Meinung überzeugen willst, brauchst du gute Begründungen (Argumente), z. B.:

Meinung: *Ich finde, wir sollten eine Lesenacht veranstalten,*
Begründung (Argumente): *weil wir uns dann besser kennenlernen.*

- Eine Begründung kannst du z. B. mit folgenden Wörtern einleiten: *weil, da, denn.*
- Du kannst deine Meinung auch schriftlich begründen, z. B. in einem Brief oder in einer E-Mail. Das machst du zum Beispiel, wenn du einen Vorschlag formulierst. Ein Beispiel dafür findest du hier auf der Seite.

1 **Lies die Informationen oben. Lies dann den folgenden Text:**

Leutkirch, 10. September 20...

Lieber Klassenrat der Klasse 5a,

ich möchte einen Vorschlag für unseren nächsten Klassenausflug machen. Wir können diesen Vorschlag dann im Klassenrat diskutieren und gemeinsam entscheiden, was wir unternehmen wollen.
Ich bin dafür, dass wir an diesem Tag gar nicht wegfahren, sondern den Tag in der Schule verbringen und dort auch alle übernachten. Ein Grund dafür ist, dass wir viel mehr Zeit zum Spielen oder einfach nur zum Reden haben, weil wir nicht nur den Tag, sondern auch die Nacht zusammen verbringen. Außerdem ist es dann egal, wie das Wetter wird, da man in der Schule bei jedem Wetter spielen kann.
Ich würde mich sehr freuen, wenn ihr meinen Vorschlag beim nächsten Klassenratstreffen unterstützt.

Viele Grüße
Rana

2 **a** **Kreuze an: Welche Meinung vertritt Rana in ihrem Brief?**

- ☐ Beim nächsten Klassenausflug soll die Klasse in der Schule übernachten.
- ☐ Beim nächsten Klassenausflug soll es keine lange Anfahrt zum Ausflugsziel geben.
- ☐ Beim nächsten Klassenausflug soll eine Lesenacht veranstaltet werden.

b **Kreuze an: Mit welchen zwei Begründungen (Argumenten) begründet Rana ihre Meinung?**

- ☐ Man hat mehr Zeit zum Spielen, denn die Klasse verbringt auch noch die Nacht zusammen.
- ☐ Man kann eine Lesenacht veranstalten oder einfach nur miteinander reden.
- ☐ In der Schule ist es viel gemütlicher als draußen.
- ☐ Man hat keine lange Fahrt zu einem Ausflugsziel.
- ☐ Man ist nicht abhängig vom Wetter.

c **Kreuze an: Welchen Wunsch äußert Rana am Schluss ihres Briefes?**

- ☐ Sie möchte ihren Vorschlag bei der nächsten Klassenratssitzung vorstellen.
- ☐ Sie möchte, dass möglichst viele Schülerinnen und Schüler zur nächsten Klassenratssitzung kommen.
- ☐ Sie möchte, dass möglichst viele Schülerinnen und Schüler ihren Vorschlag für den Klassenausflug unterstützen.

3 **Im Klassenrat werden weitere Ausflugsziele diskutiert. Lies den Text:**

Lehrerin: Uns liegen noch weitere Anträge für den Klassenausflug vor, über die wir diskutieren sollten. Erstens: ein Zoobesuch, bei dem wir eine Führung buchen würden und in der Mittagspause ein Picknick veranstalten könnten. Zweitens: der Erlebnistag mit Floßbau. Beim Floßbau bekommt ihr verschiedene Materialien, die ihr für ein Floß brauchen könnt. Dann baut ihr es ohne Anleitung im Team und testet zum Schluss, wie es fährt. Was meint ihr?

Hanne: Ich würde gern in den Zoo fahren, weil man dort verschiedene Tiere kennenlernen kann und es außerdem noch einen riesengroßen Spielplatz gibt.

Karl: Ich finde einen Erlebnistag mit Floßbau viel besser.

Esther: Nein, ich wünsche mir einen echten Ausflug und den Zoo finde ich einfach viel besser.

Colin: Wir sollten den Tag mit dem Floßbau ausprobieren, denn so ein Ausflug wäre wirklich etwas Neues und sogar ein echtes Abenteuer.

4 **Notiere in Stichworten, welche weiteren Vorschläge für den Klassenausflug gemacht werden.**

5 **a** **In der Diskussion äußern Hanne, Karl, Esther und Colin ihre Meinung. Aber nicht alle begründen sie. Unterscheide Meinung und Begründung. Unterstreiche die Meinungen und unterringle die Argumente.**
b **Umkreise die Wörter, mit denen die Argumente eingeleitet werden.**

6 **Hier werden zwei weitere mögliche Ziele für den Klassenausflug genannt. Ergänze zu jeder Meinung selbstständig ein überzeugendes Argument.**

Unser nächster Klassenausflug sollte in den Kletterwald gehen, weil

Bei unserem Klassenausflug sollten wir in ein Spaßbad gehen, weil

Die eigene Meinung schriftlich begründen

Methode **Mit der Begründungshand Argumente sammeln**

- Lege die Hand, mit der du nicht schreibst, auf eine freie Seite deines Heftes.
- Zeichne dann eine Linie um die Hand.
- Schreibe zunächst deine **Meinung in die Handfläche.**
- Schreibe dann die **Begründungen** (Argumente) für deine Meinung **in Stichworten auf die Finger** der Begründungshand.

1 Bei der nächsten Klassenratssitzung soll über die Verschönerung des Klassenraums diskutiert werden. Konstantin möchte, dass der Klassenraum neu gestrichen wird. In seiner Begründungshand findest du schon die Meinung und ein Argument dafür. Ergänze zwei weitere Argumente für das Streichen des Klassenraums. Schreibe sie in die Finger der Begründungshand.

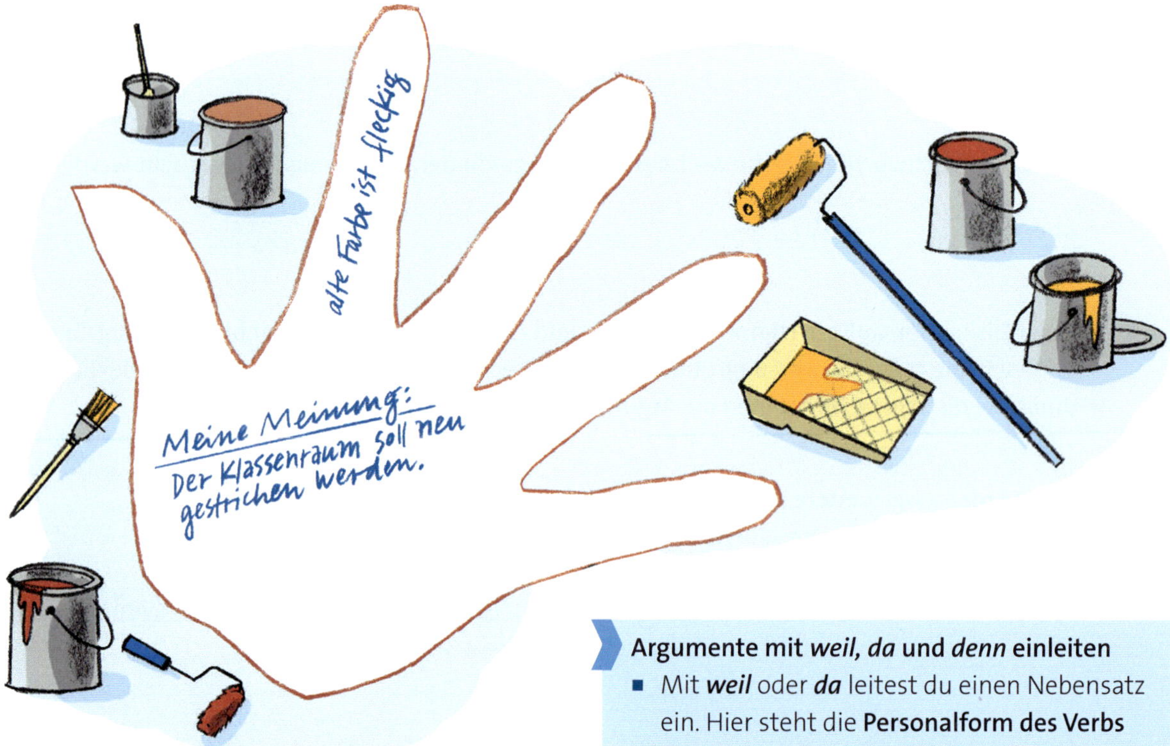

Argumente mit *weil, da* und *denn* einleiten

- Mit ***weil*** oder ***da*** leitest du einen Nebensatz ein. Hier steht die **Personalform des Verbs am Ende** des Satzes, z. B.: *Ich möchte ...,* ***weil*** *die alte Farbe fleckig ist.*
- Mit ***denn*** leitest du einen **Hauptsatz** ein. Hier steht die Personalform des Verbs an dritter Satzgliedposition, z. B.: *Ich bin für ...,* ***denn*** *die alte Farbe ist fleckig.*

2 Ergänze zu jeder Meinung ein überzeugendes Argument aus deiner Begründungshand. Achte auf die unterschiedliche Stellung des Verbs. Lies hierzu den Tipp.

Ich finde, wir sollten den Klassenraum neu streichen, weil ______________________

____

Unser Klassenraum sollte neu gestrichen werden, denn ______________________

____

3 Die Klassenlehrerin Frau Greis bittet ihre Schülerinnen und Schüler, ihre Vorschläge zur Verschönerung des Klassenraums in einem kurzen Brief zu begründen. Die Vorschläge sollen dann auf der nächsten Klassenratssitzung diskutiert werden.

a Lies den Brief von Konstantin. Er ist noch nicht gelungen.

> Calw, den 13.11.20...
>
> Liebe Frau Greis,
> für unsere nächste Klassenratssitzung sollen wir einen Vorschlag machen, wie man den Klassenraum verschönern kann.
> Ich schlage deshalb vor, dass wir den Klassenraum neu streichen.
> Viele Grüße
>
> Konstantin

b Kreuze für jede Aussage an, ob sie für Konstantins Brief zutrifft oder nicht.

	trifft zu	trifft nicht zu
In der Einleitung wird gesagt, um was es geht.	☐	☐
Die Meinung wird klar formuliert.	☐	☐
Die Meinung wird durch Argumente begründet.	☐	☐
Am Schluss wird ein Wunsch, ein Vorschlag oder eine Bitte formuliert.	☐	☐

4 Überarbeite Konstantins Brief. Nutze hierfür deine Begründungshand von Seite 22. Nenne zwei Gründe (Argumente), warum der Klassenraum neu gestrichen werden soll. Du kannst die folgenden Formulierungshilfen aus dem Wortspeicher nutzen. Schreibe in dein Heft.

Anrede	Sehr geehrte Frau ...,/ Liebe Frau ...,
Einleitung (Worum geht es?)	– Sie haben uns nach ... gefragt, – Wir sollten uns überlegen, wie ...
Meinung	– Ich bin der Ansicht/Meinung, dass ... – Ich bin für ... – Meiner Meinung nach sollten wir ...
1. Argument (Begründung)	, denn .../, weil .../, da ...
2. Argument (Begründung)	– Außerdem denke ich, dass ... – Ein weiterer Grund ist, dass ...
Schluss (Wunsch, Bitte formulieren)	– Ich hoffe, ... – Ich würde mich freuen, wenn ... – Schließlich denke ich, dass ...
Gruß und Name (Unterschrift)	Viele Grüße/Mit freundlichen Grüßen/Herzliche Grüße

⊕ **5** Schreibe einen Brief an die Klassenlehrerin Frau Greis, in dem du einen der folgenden Vorschläge zur Klassenraumverschönerung mit zwei Argumenten begründest:
- Du möchtest Blumenkästen mit Nutzpflanzen wie Tomaten oder Kräutern (z. B. Petersilie, Schnittlauch) auf den Fensterbänken im Klassenraum aufstellen.
- Du möchtest Poster oder selbst gestaltete Plakate an die Wände des Klassenraums hängen.

Einen Sachtext lesen und verstehen

Methode **Textknacker: Einen Sachtext lesen und verstehen**

1. Schritt: Lies nur die Überschrift und die ersten zwei bis drei Zeilen des Textes. Schau dir die **Abbildungen** an. Frage dich: Worum könnte es in dem Text gehen? Was weißt du bereits über das Thema?

2. Schritt: Lies den Text zügig und unterstreiche mit einem Bleistift, was du wichtig findest. Bilde erste **Verstehensinseln,** indem du dir klarmachst, was du beim ersten Lesen verstanden hast. Das können z. B. bestimmte Aussagen, Beispiele oder Begriffe sein.

3. Schritt: Lies den Text gründlich, und zwar Absatz für Absatz.
- **Notiere** zu jedem Absatz ein **Stichwort oder eine Frage,** die in diesem Absatz beantwortet wird.
- **Markiere Schlüsselwörter,** die für den Text oder die Beantwortung deiner Frage wichtig sind.
- **Kläre unbekannte Wörter** oder **schwierige Sätze.**

4. Schritt: Informationen des Textes zusammenfassen
Fasse die wichtigsten Informationen des Textes in wenigen Sätzen, in Stichpunkten oder in einer Tabelle zusammen. Beantworte hierbei die W-Fragen, z. B.: *Was …? Wie …? Warum …?*

1 Lies die Überschrift des Sachtextes und die ersten zwei bis drei Zeilen der ersten beiden Absätze. Sieh dir die Abbildungen (▸ S. 25) an. Notiere dann in Stichworten, worum es in dem Text gehen könnte.

2 **a** Lies den Text zügig und unterstreiche mit einem Bleistift, was du wichtig findest.
b Notiere ein oder zwei Punkte (z. B. Aussagen, Beispiele, Begriffe), die du verstanden hast.

3 Lies den folgenden Text (▸ S. 24–25) gründlich:
a Notiere zu jedem Absatz am Textrand eine Frage, die in diesem Absatz beantwortet wird.
b Unterstreiche wie im ersten Absatz Schlüsselwörter, die für die Beantwortung deiner Fragen wichtig sind.
c Umkreise unbekannte Wörter. Kläre sie und schreibe sie mit Erläuterungen in dein Heft.

Fabelhaft schlau – Krähen bestehen Wasserkrugtest

In alten Geschichten treten oft besonders kluge Tiere auf. So erzählt eine antike Fabel von einer fast verdursteten Krähe, die einen halb vollen Wasserkrug entdeckt. Leider reicht ihr Schnabel nicht bis zur Wasseroberfläche, sosehr sie sich auch herunterbeugt. Da kommt ihr eine Idee: Sie lässt Kieselsteine in den Krug fallen, die das Wasser verdrängen. Dadurch steigt nach und nach der Wasserspiegel, bis die Krähe trinken kann. So rettet sie sich vor dem Verdursten.

Wie löst die Krähe in der Fabel ihr Problem?

2 Sind Krähen wirklich so schlau? Eine Universität in Neuseeland experimentiert schon seit einigen Jahren mit den Vögeln, um das herauszufinden. Dabei haben die Forscher entdeckt, dass eine bestimmte Art, die Neukaledonische Krähe, sehr gut mit Werkzeug umgehen kann. Diese Tiere basteln sich aus den Blättern einer Palme sogar eigene Angeln. Dazu nehmen sie einen Blattstiel, dessen eines Ende sie mit dem Schnabel scharf meißeln. Mit Hilfe dieses Instruments können sie dann in tiefen Löchern und Spalten nach Würmern und Larven stochern.

3 Die Forscherinnen und Forscher wollten nun untersuchen, ob die Krähen auch Aufgaben lösen können, die neu für sie sind. Dabei ließen sie sich von der Krähenfabel anregen und dachten sich ein paar passende Aufgaben aus. Sie bauten Versuche auf, in denen jeweils ein Leckerbissen auf einer Korkscheibe schwamm. Den konnten die Krähen schnappen, sobald sie den Wasserspiegel durch das Versenken von genügend Objekten in die Höhe getrieben hatten.

4 Beim ersten Experiment mussten die Krähen den Unterschied zwischen schweren und leichten Gegenständen herausfinden. Sie lernten schnell, dass sich der Wasserspiegel nur durch das Versenken von schweren Objekten so weit erhöhen ließ, dass sie die Beute mit dem Schnabel erreichen konnten. Auch bei einem zweiten Versuch konnten die Tiere glänzen: Die Krähen erkannten, dass sie weit schneller an ihr Ziel kamen, wenn in einem Gefäß der Wasserstand bereits sehr hoch war. Die Gefäße mit niedrigem Wasserstand interessierten sie bald gar nicht mehr.

5 Alles in allem kamen die Forscherinnen und Forscher zu dem Schluss, dass die Neukaledonische Krähe in etwa so schlau ist wie ein fünf- bis siebenjähriges Kind. Und wenn man den Vögeln demnächst noch einen Physikkurs auf der Krähenschule anbietet, lösen sie bestimmt auch noch schwerere Rätsel.

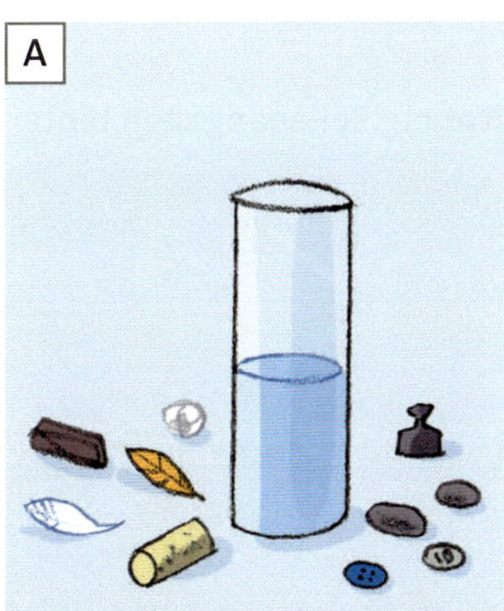

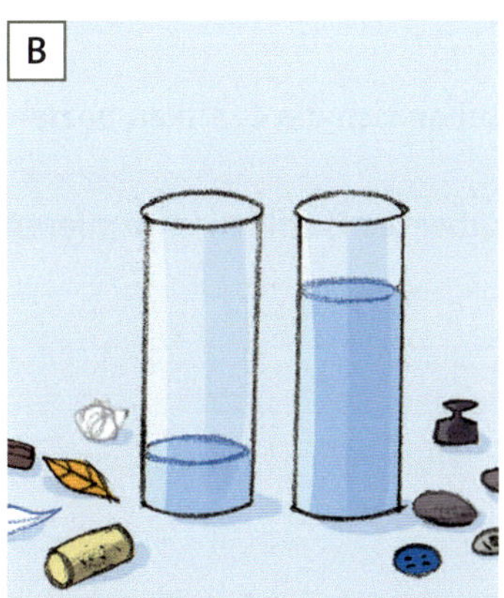

4 a Umkreise alle Wörter (Pronomen), mit denen die Krähe gemeint ist. Drei Pronomen sind bereits umkreist.

In alten Geschichten treten oft besonders kluge Tiere auf. So erzählt eine antike Fabel von einer fast verdursteten Krähe, die einen halb vollen Wasserkrug entdeckt. Leider reicht ihr Schnabel nicht bis zur Wasseroberfläche, sosehr sie sich auch herunterbeugt. Da kommt ihr eine Idee: Sie lässt Kieselsteine in den Krug fallen, die das Wasser verdrängen. Dadurch steigt nach und nach der Wasserspiegel, bis die Krähe trinken kann. So rettet sie sich vor dem Verdursten.

b Kläre, auf welche Information im Satz davor sich die unterstrichenen Verknüpfungswörter beziehen. Ziehe Verbindungslinien.

„So" (Z. 1) bezieht sich	darauf, dass Kieselsteine das Wasser verdrängen.
„Dadurch" (Z. 4) bezieht sich	auf Geschichten von besonders klugen Tieren.
„So" (Z. 5) bezieht sich	darauf, dass die Krähe trinken kann.

c Unterstreiche im zweiten Absatz des Textes (▸ S. 25) zwei weitere Verknüpfungswörter, die am Satzanfang stehen. Unterstreiche auch die Informationen, auf die sie sich beziehen.

5 Fasse in deinem Heft die wichtigsten Informationen des Textes mit eigenen Worten zusammen. Beantworte dazu geeignete W-Fragen.
Wer? → Forscher/-innen / Was? → Die Frage, ob Krähen … / Wie? → Versuch mit … Die Krähen …

Methode – Grafiken entschlüsseln

1. Stelle fest, **worum es** in der Grafik **geht.** Hierbei hilft dir die Überschrift.
2. Untersuche, **was** in der Grafik **dargestellt wird:** Erklärt sie einen Vorgang oder den Aufbau von etwas? Gibt sie ein Größenverhältnis an oder verdeutlicht sie eine Lage, wie z. B. eine Landkarte?
3. Prüfe, ob die Grafik **Farben, Beschriftungen oder Symbole** enthält, die erklärt werden.
4. Schreibe auf, **worüber** die Grafik **informiert.**

6 a Erkläre, welche Überschrift zu welcher Grafik passt. Setze dazu die Buchstaben der Grafiken A und B (▸ S. 25) links vor die passenden Überschriften:

☐ Hohe und niedrige Wasserstände (Zeilen ____________)

☐ Schwere und leichte Gegenstände (Zeilen ____________)

b Untersuche, auf welche Textstellen sich die Grafiken beziehen. Notiere Zeilenangaben hinter den Überschriften.

c Formuliere in einem Satz, worüber die Grafiken informieren.

Die Grafiken zeigen ______________________________

____

⊕ **7 Fasse das Ziel des Wasserkrugtests in einem Satz zusammen. Schreibe ins Heft. Nutze die folgenden Begriffe:** ***Krähen, Zusammenhänge erkennen, nachweisen, man, können.***

Einen Erzähltext lesen und verstehen

Information Schelmengeschichte

- Eine Schelmengeschichte (auch Schwank genannt) ist eine **kurze, lustige Erzählung.** Sie handelt von einem witzigen Ereignis oder von einem Streich, der jemandem gespielt wird. Die Helden sind **Schelme und Narren,** die ihre Mitmenschen mit einer **List** hereinlegen und ihnen damit auch eine **Lehre** erteilen.
- Wie ein Witz hat auch die Schelmengeschichte **einen lustigen Höhepunkt (Pointe),** der meist darin besteht, dass der Schwächere (z. B. der Schelm, der Knecht) den Stärkeren (z. B. den Reichen, den Herrn oder den Sultan) an der Nase herumführt.
- Besonders bekannte Schelmen sind **Till Eulenspiegel** und **Nasreddin Hodscha.**

1 Lies die Schelmengeschichte über Till Eulenspiegel.

Hermann Bote

Eulenspiegel zieht aus

Einmal lebte Eulenspiegel für einige Wochen als Knecht bei einem reichen Kaufmann in Hildesheim. Dieser rief ihn eines Tages zu sich und sagte: „Till, diese Nacht bleib noch hier, iss und trink dich voll, aber morgen räume mir das Haus! Ich will dich nicht länger haben. Du bist ein betrügerischer Schalk.“ Eulenspiegel sprach: „Lieber Gott, ich tue alles, was man mich heißet; und doch kann ich keinen Dank verdienen. Aber gefallen Euch meine Dienste nicht, so will ich morgen nach Euern Worten das Haus räumen und wandern.“ „Ja, das tue nur“, sprach der Kaufmann.

Am andern Tag stand der Kaufmann auf und sagte zu Eulenspiegel: „Iss und trink dich satt und dann trolle[1] dich! Ich will in die Kirche gehen. Lass dich nicht wieder sehen!“ Eulenspiegel schwieg. Sobald der Kaufmann aus dem Haus war, begann er zu räumen. Stühle, Tische, Bänke und was er tragen und schleppen konnte, brachte er auf die Gasse, auch Kupfer, Zinn und Wachs. Die Nachbarn wunderten sich, was daraus werden sollte, dass man alles Gut auf die Gasse brachte.

Davon erfuhr der Kaufmann. Er kam schnell herbei und sprach zu Eulenspiegel: „Was tust du hier? Find ich dich noch hier?“ „Ja, Herr, ich wollte erst Euren Willen erfüllen, denn Ihr hießet mich, das Haus zu räumen und danach zu wandern.“ „Lass alles liegen“, wetterte der Kaufmann, „und verschwinde! Das alles hat zu viel gekostet, als dass man es in den Dreck werfen könnte.“ „Lieber Herrgott“, sprach Eulenspiegel, „ist das nicht ein großes Wunder? Ich tue alles, was man mir sagt, und kann doch keinen Dank verdienen. Es ist wahr: Ich bin in einer unglücklichen Stunde geboren.“

Damit ging Eulenspiegel von dannen und ließ den Kaufmann wieder hineinschleifen, was er ausgeräumt hatte, sodass die Nachbarn noch lange laut lachten.

1 sich trollen: *hier:* verschwinden

2 **Im Text gibt es einige ungewöhnliche Wörter. Verbinde die Wörter links mit der richtigen Bedeutung rechts. Lies dazu die Textstelle nochmals durch und beachte den Textzusammenhang.**

Knecht (Z. 2)	verlassen
räumen (Z. 5)	von dort weg
Schalk (Z. 7)	Diener, Untergebener
Gut (Z. 22)	befehlen
heißen (Z. 26)	Schelm, Spitzbube
von dannen (Z. 35)	Besitz

3 **Die folgenden Aussagen fassen jeweils einen Sinnabschnitt zusammen. Wähle jeweils die richtige Aussage aus und trage den Buchstaben dazu links ein. Von unten nach oben gelesen ergibt sich ein Lösungswort.**

1 ☐
2 ☐
3 ☐
4 ☐
5 ☐

1 Zeile 1 bis 12:
- **N** Till wird von einem Kaufmann aufgefordert, am folgenden Tag das Haus zu verlassen.
- **T** Till bittet den Kaufmann, ihn aus dem Dienst zu entlassen.

2 Zeile 13 bis 22:
- **U** Am nächsten Morgen räumt Till seinen eigenen Besitz auf die Straße.
- **E** Am nächsten Morgen räumt Till den Besitz des Kaufmanns auf die Straße.

3 Zeile 23 bis 30:
- **L** Der Kaufmann stellt Till zur Rede und schickt ihn wütend fort.
- **A** Die Nachbarn stellen Till zur Rede und jagen ihn fort.

4 Zeile 30 bis 34:
- **N** Till versteht, dass er einen Fehler gemacht hat, und entschuldigt sich.
- **U** Till tut so, als ob er den Ärger des Kaufmanns nicht verstehen könne.

5 Zeile 35 bis 38:
- **E** Nachdem er den Kaufmann hereingelegt hat, zieht Till weiter.
- **R** Till hilft dem Kaufmann dabei, alles wieder ins Haus zu tragen.

4 **Kreuze an, worin der Witz (die Pointe) dieser Schelmengeschichte besteht.**

☐ Till ist zu dumm, um das Wort „räumen“ richtig zu verstehen.

☐ Till versteht das Wort „räumen“ absichtlich falsch.

5 **Fasse den Inhalt der Schelmengeschichte mit wenigen Sätzen zusammen. Deine Ergebnisse aus den Aufgaben 3 und 4 helfen dir dabei. Verwende beim Schreiben die folgenden Formulierungen. Schreibe ins Heft.**

In der Einleitung der Schelmengeschichte erfährt man ...
Im Hauptteil wird erzählt, dass ...
Deshalb überlegt Till sich folgende List: ...
Zum Schluss ...

Schreibe **Zusammenfassungen** im **Präsens.**

6 a **Untersuche genauer die Hauptfiguren und Ihre Beziehung zueinander. Ordne dazu die folgenden Informationen mit Hilfe des Textes (▸ S. 27) in die nachstehende Figurenskizze (Tabelle) ein.**

ist reich • ist erst kurz in Hildesheim • ist ein angesehener Bürger • ist ein Schelm • lebt in Hildesheim • ist arm, arbeitet als Knecht

In einer **Figurenskizze** stellst du dar, welche **Eigenschaften** die Figuren haben und in welcher **Beziehung** sie zueinanderstehen.

Till Eulenspiegel		Kaufmann
	wohnt bei ihm →	
	←	ist reich
	←	
	→	
	→	
	←	
	←	
	→	

b **Beschreibe die Beziehung zwischen den Figuren mit Hilfe der folgenden Aussagen. Schreibe auf die Pfeile. Beachte dabei, in welche Richtung der Pfeil zeigt.**

wohnt bei ihm • wirft ihn raus • ärgert sich über ihn • ist sein Knecht • nennt ihn Betrüger • rächt sich an ihm • ist sein Chef • hält ihn für ungerecht

7 **Beschreibe die Figuren und ihre Beziehung in wenigen Sätzen. Deine Ergebnisse aus Aufgabe 6 a und b und die folgenden Formulierungen helfen dir. Schreibe ins Heft.**

In dieser Schelmengeschichte gibt es zwei Hauptfiguren, nämlich ...

Über den Kaufmann erfährt man schon am Anfang der Geschichte, dass er ... Er möchte Till nicht mehr ...

Till ärgert sich über den Kaufmann, weil ... Er ist jedoch ein Schelm und ...

⊕ **8** **In der Geschichte heißt es: „Eulenspiegel schwieg" (Z. 16). Versetze dich in Till und schreibe auf, was er in diesem Moment fühlt und denkt. Fange so an:**

Na, warte! Du lebst wie ein König und mich setzt du vor die Tür.

Ein Gedicht gestaltend vortragen

Methode **Einen Gedichtvortrag vorbereiten**

1 Lies das Gedicht mehrmals leise und auch laut. Versetze dich in die **Stimmung des Gedichts** Setze **mache dir klar, worum es geht.**

2 Bereite den Vortrag vor, indem du dir genau überlegst, wie du das Gedicht mit welcher **Wirkung** betonen willst. Setze dann im Gedicht möglichst **sparsam Vortragszeichen** ein, z. B.:
- **Pausen-Zeichen:** Markiere Textstellen, an denen du eine Pause (|) machen willst, z. B. um Spannung oder Nachdenklichkeit zu erzeugen.
- **Lautstärke-Zeichen:** Notiere > für „lauter" und < für „leiser", um z. B. ein Wort besonders hervorzuheben oder etwas geheimnisvoll klingen zu lassen.

1 **a** **Lies das Gedicht von Siggi Gsell und notiere knapp, was darin beschrieben wird.**

____

b **Umkreise Begriffe, die die Stimmung des Gedichts passend beschreiben.**

laut • ruhig • fröhlich • hektisch • lustig • traurig • chaotisch

Siggi Gsell

Große Pause

Pausenzeichen
Buch zuklappen
Tür auf raus
und Jacke schnappen

Schlange stehen
Brezel kaufen
essen trinken
schreien laufen

Gummi twisten
spielen springen
schubsen ärgern
Streit beginnen

weinen lachen
Streit vergessen
Sachen tauschen
Kräfte messen

Pausenzeichen
rennen flitzen
rein ins Zimmer
stille sitzen

2 **a** **Bereite den Vortrag des Gedichts vor. Nutze dafür die Hinweise aus dem Methodenkasten oben.**

b **Umkreise im Text das Wort, das die beschriebene Situation einleitet und beendet. Probiere aus, wie du dieses Wort jeweils besonders wirkungsvoll und passend betonen kannst.**

c **Trage das Gedicht jemandem vor und bitte um eine Rückmeldung.**

Setze **Vortragszeichen** möglichst **sparsam** und nur da ein, wo sie für deinen Vortrag hilfreich sind.

Grammatik

Was kannst du schon?

1 **Auf jeder Karte findest du Beispiele für eine der folgenden Wortarten: Nomen (Hauptwort, Substantiv), Adjektiv (Eigenschaftswort), Artikel (Begleiter), Verb (Tätigkeitswort), Pronomen (Fürwort). Beschrifte die Karten. (5 Punkte)**

größer – klein – winzig ______________________

der – eine – das ______________________

Flug – Stern – Landung ______________________

schwimmt – rennen – starten ______________________

mir – du – ihre ______________________

2 **Ergänze zu jedem Wort den Singular (die Einzahl) mit dem richtigen Artikel. (4 Punkte)**

die Sterne ______________________ die Raumschiffe ______________________

die Reisen ______________________ die Erfindungen ______________________

3 **a Markiere im folgenden Text alle Verben im Präteritum (einfache Vergangenheitsform). (6 Punkte)**
b Trage die Verben in die Tabelle unten ein und notiere zu jedem Verb den Infinitiv. (6 Punkte)

> Zuerst sahen wir es gar nicht. „Guck mal da“, rief meine Freundin und zeigte auf ein kleines Wesen, das auf dem Schreibtisch saß. „Das sieht ja aus wie ein winziger Mensch, nur die Ohren sind anders. Und es bewegt sich wie wir!“
> Das Wesen rannte, so schnell es konnte, über die Arbeitsplatte. „Ich glaube, es will sich in Sicherheit bringen. Oh, es kriecht in mein Mäppchen, wie süß.“

Verben im Präteritum	Verben im Infinitiv (Grundform)

4 **a Markiere im Satz unten die drei Adjektive. Ordne sie in die richtige Tabellenspalte ein. (3 Punkte)**
b Vervollständige die Tabelle, indem du die fehlenden Adjektivformen ergänzt. (6 Punkte)

☐ ☐

Das winzige Wesen war das kleinste Lebewesen, das ich je gesehen hatte, aber es sprach lauter als ein Mensch.

Positiv (Grundform)	**Komparativ** (1. Steigerungsstufe)	**Superlativ** (2. Steigerungsstufe)
______	______	______
______	______	______
______	______	______

5 **Kreuze für jeden Satz (A, B, C, D) die richtige Lösung an. (4 Punkte)** ☐

A Wir nannten das kleine Wesen Mini.

Der Satz A beginnt mit ☐ dem Subjekt. ☐ dem Prädikat. ☐ einem Objekt.

B Es verstand tatsächlich unsere Sprache.

Das Objekt in Satz B steht ☐ im Nominativ. ☐ im Dativ. ☐ im Akkusativ.

C Mini erzählte uns eine unglaubliche Geschichte.

Der Satz C enthält ☐ drei ☐ vier ☐ fünf Satzglieder.

D Meine Eltern glaubten mir kein Wort.

Nach dem vierten Wort fragst du mit: ☐ Wer oder was? ☐ Wem? ☐ Wen oder was?

6 **Fülle die Lücken mit den passenden Pronomen (Fürwörtern). (6 Punkte)** ☐

Mini erzählte Lisa und ______, dass sie von einem fernen Planeten komme. Auf der Urlaubsreise zum Zwergplaneten Orcus sei ______ vom Weg abgekommen. „______ Raumschiff wurde plötzlich von einem Sog erfasst und in Richtung Erde geschleudert. So landete ______ direkt hier vor ______ Haus“, berichtete Mini mit aufgeregter Stimme. Sollten ______ das wirklich glauben?

7 **a Prüfe deine Lösungen mit Hilfe des Lösungsheftes. Schreibe bei jeder Aufgabe in das Kästchen, wie viele Punkte du erreicht hast.**
b Vergleiche dein Ergebnis mit der jeweiligen Höchstpunktzahl. Trage ein, wie du die einzelnen Aufgaben gelöst hast: ✓ = das meiste richtig; ? = noch etwas unsicher.

Aufgabe	1 ☐	2 ☐	3 ☐	4 ☐	5 ☐	6 ☐
weitere Übungen	Seite 33–41	Seite 34	Seite 46	Seite 37–38	Seite 50–56	Seite 36

Wortarten

Nomen

Information **Das Nomen** (Plural: die Nomen)

Die meisten Wörter in unserer Sprache sind Nomen (auch genannt: Hauptwörter, Substantive).

- Nomen bezeichnen **Lebewesen/Eigennamen** (z. B.: *Hund, Baum, Tim*), **Gegenstände** (z. B.: *Schule, Raumschiff, Lampe*) und **Begriffe** wie Gedanken, Gefühle usw. (z. B.: *Idee, Mut, Freundschaft*).
- **Nomen** werden immer **großgeschrieben.** Man kann sie häufig an ihren **Begleitwörtern** erkennen, die den Nomen vorausgehen. Begleitwörter sind z. B.:
  - **Artikel** (bestimmter/unbestimmter), z. B.: *der Planet, ein Planet,*
  - **Adjektive,** z. B.: *spannende Abenteuer, blauer Planet, große Rakete.*
- **Artikel-Adjektiv-Probe:** Wenn du (in Gedanken) einen Artikel und ein Adjektiv vor das Wort setzen kannst, ist es ein Nomen, z. B.: *(das schöne) Ereignis.*

1 **Unterstreiche im folgenden Text alle Nomen. Achte auf ihre Begleitwörter.**
TIPP: Wenn du nicht sicher bist, ob das Wort ein Nomen ist, führe die Artikel-Adjektiv-Probe durch.

Mini vom Zwergplaneten

„Und du kommst wirklich von einem anderen Planeten?“, fragte ich das kleine Geschöpf, das auf meinem Schreibtisch saß. „Ja“, sprach es etwas genervt. „Ich weiß, dass ihr Menschen euch das kaum vorstellen könnt. Aber natürlich gibt es außer der Erde noch viele andere Himmelskörper, auf denen Leben möglich ist.“ Und tatsächlich hielt mir der Winzling eine klitzekleine Kamera vor die Nase, auf deren Bildschirm ich atemberaubende Fotos sah. „Hier siehst du, dass verschiedene Zwergenvölker unseren Planeten bewohnen.“

2 **a** **Trenne in der Wörterschlange die einzelnen Wörter durch senkrechte Striche (I) ab.**
b **Markiere dann alle Nomen.**

DIEAUßERIRDISCHEZWERGINERZÄHLTEMIREINEMENGEGESCHICHTEN, ZUMBEISPIELÜBER INTERGALAKTISCHEREISENUNDFREMDESPRACHENSOWIEMERKWÜRDIGENAHRUNGSMITTEL.

3 **Markiere mindestens sieben Nomen, die du senkrecht ↓ und waagerecht → im Wortgitter findest.**
TIPP: Wende die Artikel-Adjektiv-Probe an, wenn du unsicher bist.

D	K	E	S	O	N	N	E	G	L	A	C	H	A	U	J	A	D	U	M
I	I	R	A	B	E	N	T	E	U	E	R	A	L	T	A	Q	S	H	R
C	S	W	U	R	K	C	O	B	E	R	F	L	Ä	C	H	E	T	R	A
A	T	E	R	O	S	E	R	P	I	N	E	P	L	A	R	I	E	E	N
W	E	L	T	R	A	U	M	M	P	L	A	N	E	T	G	A	N	G	T
L	M	T	W	T	Ü	R	M	Z	W	E	R	G	E	M	O	N	A	T	W

Information **Nomen: Genus** (grammatisches Geschlecht) **und Numerus** (Anzahl)

- Nomen haben ein **Genus** (ein grammatisches Geschlecht), das man am Artikel erkennen kann, z. B.:
  - **Maskulinum** (männliches Nomen), z. B.: *der Junge, der Stern,*
  - **Femininum** (weibliches Nomen), z. B.: *die Frau, die Raumstation,*
  - **Neutrum** (sächliches Nomen), z. B.: *das Mädchen, das Kind.*

  Das grammatische Geschlecht stimmt nicht immer mit dem natürlichen Geschlecht überein, z. B.: *das Mädchen* (grammatisches Geschlecht: Neutrum; natürliches Geschlecht: weiblich).
- Nomen haben einen Numerus (eine Anzahl). Sie stehen entweder im
  - **Singular** (Einzahl), z. B.: *der Junge, die Rakete, das Sternbild* oder im
  - **Plural** (Mehrzahl), z. B.: *die Jungen, die Raketen, die Sternbilder.*

4 **a** **Ergänze bei den folgenden Nomen die bestimmten Artikel *(der, die, das).***
b **Setze zwei Wörter zu einem neuen Nomen zusammen. Verbinde hierzu ein Nomen aus der ersten Spalte mit einem Nomen aus der zweiten Spalte. Schreibe das neue Wort mit bestimmtem Artikel auf.**

die Zeit	______ Tasche	______
______ Mond	______ Maschine	______
______ Sport	______ Schirm	______
______ Regen	______ Landung	______

c **Wonach richtet sich der Artikel des zusammengesetzten Nomens? Schau dir noch einmal die Artikel der einzelnen Nomen an. Formuliere eine Regel mit einem passenden Beispiel.**

Der Artikel eines zusammengesetzten Nomens richtet sich ______

______

5 **a** **Bilde den Plural zu den folgenden Nomen.**
Beachte: Manchmal verändert sich im Plural der Vokal im Wortstamm, z. B: das Glas → die Gläser.

der Flug ______	der Mensch ______
das Rad ______	der Hund ______
das Buch ______	das Fenster ______

b **Vergleiche den Artikel bei den Singular- und den Pluralformen. Was stellst du beim Artikel im Plural fest? Notiere deine Beobachtung.**

Der Artikel im Plural lautet immer ______

⊕ **6** **Markiere die Nomen, die nur im Plural vorkommen.**

die Ferien • die Väter • die Leute • die Winter • die Bänke

Information **Nomen: Der Kasus** (der Fall)

In einem Satz erscheinen Nomen immer in einem bestimmten Kasus, also in einem grammatischen Fall. Der Kasus ist oft am Artikel oder an der Endung des Nomens erkennbar: *des Raumschiffs*.
Wenn man ein Nomen in verschiedene Kasus setzt, nennt man das **deklinieren** (beugen).
Im Deutschen gibt es **vier Kasus.** Man kann den Kasus **durch Fragen ermitteln:**

Kasus	Kasusfrage	Beispiele
1. Fall: **Nominativ**	Wer oder was ...?	*Die Astronautin erklärt die Regeln.*
2. Fall: **Genitiv**	Wessen ...?	*Der Helm der Astronautin ist weiß.*
3. Fall: **Dativ**	Wem ...?	*Der Pilot gab der Astronautin ein Zeichen.*
4. Fall: **Akkusativ**	Wen oder was ...?	*Er informierte die Astronautin über den Start.*

7 **In welchem Kasus stehen die folgenden umrahmten Wörter? Notiere die passende Kasusfrage und schreibe dann den Kasus auf.**

Bei den Weltraumzwergen	Kasusfrage	Kasus
Endlich gelang dem Expeditionsteam die Landung auf dem Zwergenplaneten.	Wem ...?	Dativ
Nach der wochenlangen Anreise waren die Forscher gespannt, wie die Begegnung mit den unbekannten Wesen verlaufen würde.	______	______
Neugierig verließen sie das Raumschiff und schauten sich auf dem Planeten um.	______	______
Plötzlich erklang ein lautes Getöse! Dann stürmten den Wissenschaftlern Hunderte von Weltraumzwergen entgegen.	______	______
„Wir kommen in Freundschaft", sprach der Kapitän in den Universalübersetzer. „Bitte nehmt euch der Erdlinge freundlich an."	______	______
Ein Chor von Stimmen erhob sich und in einer fremd klingenden Sprache begrüßte man die Erdenbewohner.	______	______

8 **Ergänze in den Lücken das Nomen mit seinem Artikel *(der, die, das)* im richtigen Kasus.**

Bei unserer Expedition lernten wir auch die Sprache ______________________ (Weltraumzwerge) kennen. Natürlich enthält ______________________ (Zwergenschrift) keinen einzigen Großbuchstaben. Kaum beschreiben kann man ______________________ (Klang) ______________________ (Worte). Mit Hilfe ______________________ (Universalübersetzer) gelang es ______________________ (Technikerin), Tonaufnahmen während des Begrüßungsfestes zu machen. Wie stellt ihr euch ______________________ (Aussprache) vor?

Pronomen

Information **Personalpronomen und Possessivpronomen**

1 Mit **Personalpronomen** *(ich, du, er, sie, es, wir, ihr, sie)* kann man **Nomen und Namen ersetzen.**
Beispiel: *Der Mond ist ein Himmelskörper. Er dreht sich um die Erde. Ich finde ihn beeindruckend.*

Personalpronomen werden wie die Nomen **dekliniert** (gebeugt):

	Singular			Plural		
Kasus	**1. Pers.**	**2. Pers.**	**3. Pers.**	**1. Pers.**	**2. Pers.**	**3.Pers.**
1. Fall: **Nominativ**	*ich*	*du*	*er/sie/es*	*wir*	*ihr*	*sie*
2. Fall: **Genitiv**	*meiner*	*deiner*	*seiner/ihrer/seiner*	*unser*	*euer*	*ihrer*
3. Fall: **Dativ**	*mir*	*dir*	*ihm/ihr/ihm*	*uns*	*euch*	*ihnen*
4. Fall: **Akkusativ**	*mich*	*dich*	*ihn/sie/es*	*uns*	*euch*	*sie*

2 **Possessivpronomen** *(mein/meine – dein/deine – sein/seine, ihr/ihre – unser/unsere – euer/eure – ihr/ihre)* geben an, **zu wem etwas gehört.** Sie **begleiten** als Artikelwort **meist Nomen** und stehen **im gleichen Kasus** wie dieses, z. B.: *Ich erzähle meinen Freunden von dem Traum.* (Wem? – Dativ).

1 **a** Ersetze die Nomen in Klammern durch Personalpronomen. Achte auf den richtigen Kasus.
b Verbinde jedes Personalpronomen mit dem Nomen, auf das es sich bezieht.

Neulich hatte Leo einen lustigen Traum: Soll ich ihn ______ (den Traum) erzählen? Leo war unterwegs ins Freibad, als er ein Raumschiff fand. Verlassen stand ______ (das Raumschiff) mitten auf der Straße. ______ (Leo) näherte sich ______ (dem Raumschiff) vorsichtig. Plötzlich sprangen drei Männer aus dem Flugkörper und gaben Leo einen Schlüssel. ______ (die drei Männer) baten ______(Leo), mit dem Raumschiff loszufliegen, um einen magischen Ring zu finden. Leo sollte ______ (den Ring) im All suchen! „Beeil dich!", riefen ______(die drei Männer) noch und waren plötzlich weg.

2 Im folgenden Text verstecken sich 5 Possessivpronomen im falschen Kasus. Streiche sie durch und schreibe die richtige Form an den Rand.

Vorsicht Fehler!

Meine Träume spielen häufig nicht auf unsere Planeten, sondern irgendwo im ______
All. Meine Mutter meint, ich schaue zu viele Science-Fiction-Filme. Das würde ______
meine Fantasie schaden. Wie sehen denn eure Träume aus? Unsere Lehrerin hat ______
es neulich in ihren Traum auf den Mond verschlagen. Ihrem Stimmung war am ______
nächsten Morgen gar nicht gut. Sie meinte, ihr sei dort oben viel zu langweilig ______
gewesen. Ihrer Schülerinnen und Schüler hätten ihr gefehlt. ______

Adjektive

Information **Das Adjektiv** (das Eigenschaftswort)

Mit Adjektiven kannst du **Eigenschaften** von Lebewesen, Dingen, Vorgängen, Gefühlen und Vorstellungen **genau beschreiben,** z. B.: *der starke Regen, der schwache Regen.*
Adjektive werden **kleingeschrieben.**
Adjektive, die vor einem Nomen stehen, haben den **gleichen Kasus wie das Nomen:** *der grüne Planet, die grün**en** Planet**en**, des grün**en** Planet**en**.*

1 Markiere im folgenden Text alle Adjektive:

Willkommen auf Floranus

Wenn du denkst, dass ein Besuch des kleinen, grasgrünen Planeten Floranus nur etwas für ältere Hobbygärtnerinnen und -gärtner ist, dann weißt du noch nichts über das ungewöhnliche Volk der Floranier. Bei unserer Ankunft auf diesem fleischlosen Planeten wurden wir von riesengroßen, blättrigen Baumlingen begrüßt. Mit ihren kräftigen Ästen hoben sie uns in die Luft, setzten uns in ihre gemütlichen Baumhäuser und brachten uns zum besten Hotel am Ort. Eine wunderschöne Sonnenblume, die Hotelchefin, lachte uns mit ihrem braunen Gesicht an und stellte uns den dicken Zwiebelus als Koch und eine dünne Karottine mit hellgrünen, langen Haaren als Gästebetreuerin vor. Und das war erst der Anfang! Vergiss die stillen, stummen Gemüse- und Blumenbeete zu Hause. Mit den lebendigen Pflanzenwesen von Floranus erlebst du große Abenteuer.

2 Beschreibe entweder eine freundliche oder eine Furcht einflößende Bewohnerin des Planeten Floranus. Markiere hierzu Adjektive im Kasten unten und setze sie im richtigen Kasus in die Lücken ein.

Schon von Weitem sah ich sie: Die Floranierin kam mit ______________ Schritten auf mich zu. Sofort fielen mir ihre ______________ Augen auf, dann bemerkte ich ihre ______________ Hände. Ihr ______________ Körper war eingehüllt in ______________ Gewänder, die bis auf den Boden fielen. Als sie näher kam, blickte ich in ihr ______________ Gesicht. Auffallend waren auch ihre ______________ Haare. Jetzt stand sie direkt vor mir und ein ______________ Geruch stieg mir in die Nase.

dünn • dunkel • hell • prächtig • faulig • fruchtig • riesengroß • hässlich • finster • schmal • hell • unbeweglich • sanft • blau • schwarz • freundlich • böse • ängstlich • grimmig • lieblich • faltig • unangenehm • scharf • blumig • winzig • dick • schmal • schlank • zart • krallenartig • haarig • schwerfällig • leise • laut • vorsichtig • süß • langsam • schnell • struppig • borstig • kurz • stachelig

3 Beschreibe einen anderen Bewohner von Floranus. Wähle hierzu andere Adjektive aus dem Wortschatzkasten aus. Formuliere die Beschreibung im Heft.

Information **Steigerung der Adjektive**

Die meisten Adjektive kann man steigern, z. B.: *schön – schöner – am schönsten.* Dadurch kann man Lebewesen und Dinge vergleichen. Es gibt drei Steigerungsstufen:

Positiv (Grundform)	Komparativ (1. Steigerungsstufe)	Superlativ (2. Steigerungsstufe)
Anne ist groß.	*Tim ist größer.*	*Bill ist am größten.*

Vergleiche mit dem **Positiv** werden mit der Adjunktion (▸ S. 59) ***wie*** gebildet: *Bill ist so groß wie Felix.*
Vergleiche mit dem **Komparativ** werden mit der Adjunktion ***als*** gebildet: *Tim ist größer als Anne.*

4 **Vergleiche die beiden Aliens Jeti und Flint. Formuliere 4 Sätze mit Komparativen.**

Name: Jeti
Gewicht: 120 kg
Größe: 2,20 m
Alter: 1200 Jahre

Name: Flint
Gewicht:25 kg
Größe: 1,40 m
Alter: 2200 Jahre

Jeti hat mehr Beine als Flint. ______________________________

____

____

____

5 **Setze in die Lücken die passenden Steigerungsformen der Adjektive.**

Der Elefant ist ______________ als der Eisbär, aber am ______________ ist der Blauwal. (schwer)

Das Känguru ist ______________ als ein Löwe, aber am ______________ ist der Gepard. (schnell)

Ein Wal kann ______________ sein als ein Wolf, aber am ______________ ist der Pistolenkrebs. (laut)

⊕ **6** **Schreibe die Sätze ab und setze die richtigen Vergleichswörter (Adjunktionen: *als* oder *wie*) ein.**

Der Steinadler ist im Sturzflug genauso schnell ________ der Wanderfalke.

Bei den Vögeln sind die Geschwindigkeitsunterschiede viel größer ________ bei den Menschen.

Vögel erreichen Geschwindigkeiten von 320 km/h und sind schneller ________ Landtiere.

Präpositionen

Information **Die Präposition** (das Verhältniswort)

Präpositionen wie *in, auf, unter* drücken Verhältnisse und Beziehungen von Gegenständen, Personen oder anderem aus, z. B.:

- **örtliche Verhältnisse** *(auf dem Raumschiff): auf, hinter, neben, unter, vor, über, zwischen ...*
- **zeitliche Verhältnisse** *(nach vier Wochen): nach, vor, seit, um, während, bis, in ...*
- **Gründe** *(wegen der Dunkelheit): wegen, trotz, aufgrund ...*
- **die Art und Weise** *(mit Geduld): mit, ohne ...*

Präpositionen sind nicht flektierbar (veränderbar). Sie stehen meist vor einem Nomen und bestimmen den Kasus (Fall) des nachfolgenden Wortes (oder der Wortgruppe, ▸ S. 60), z. B.: *wegen des Regens.*

1 **a** Lies den folgenden Text und zeichne die Flugroute in die Weltraumkarte oben ein.
b Markiere im Text alle 16 Präpositionen.

Nach jahrelangen Vorbereitungen geht es los. Pünktlich um zwölf Uhr mittags hebt das Raumschiff mit Überschallgeschwindigkeit von der Erde ab. Pfeilschnell schießen wir in den Weltraum und fliegen unter dem Mond entlang Richtung Sternenhaufen. Wir drosseln die Geschwindigkeit und steuern vorsichtig zwischen dem Schwarzen Loch und dem Sternbild Clown hindurch. Plötzlich taucht ein grünlich schimmernder Sternennebel vor uns auf. Trotz der Gefahr halten wir Kurs und schweben lautlos durch die Nebelfelder. Aufgrund des erhöhten Risikos muss hier mit Fingerspitzengefühl navigiert werden, denn im Nebel befindet sich ein Stern dicht neben dem anderen. Ohne Zusammenstoß erreichen wir den Planeten Floranus und sind froh, wieder festen Boden unter den Füßen zu haben.

2 Trage die markierten Präpositionen aus dem Text oben in die richtige Tabellenspalte ein.

örtliche Angabe (Wo? Wohin?)	**zeitliche Angabe** (Wann? Wie lange?)	**Angabe des Grundes** (Warum?)	**Angabe der Art und Weise** (Wie?)

⊕ **3** Zeichne eine neue Flugroute von Floranus zur Erde in die Karte ein.
Beschreibe diese Flugroute und verwende dabei viele Präpositionen. Schreibe in dein Heft.

Verben

Information **Das Verb** (das Tätigkeitswort)

Mit Verben gibt man an, was jemand tut (z. B. *hüpfen, singen, lachen*), was geschieht (z. B. *regnen, brennen*) oder was ist (z. B. *haben, sein, bleiben*). Verben werden **kleingeschrieben.**

- Die **Grundform des Verbs** nennt man **Infinitiv.** Er endet auf *-en* oder *-n: gehen, wandern.*
- Nutzt man ein Verb im Satz, bildet man die **Personalform des Verbs.** Dazu wird das Verb **konjugiert** (gebeugt). An den Stamm des Verbs wird dabei die passende Endung (Personalendung) gehängt, z. B.:

Singular		**Plural**	
1. Person:	*ich red-**e***	1. Person	*wir red-**en***
2. Person:	*du red-**est***	2. Person	*ihr red-**et***
3. Person:	*er/sie/es red-**et***	3. Person	*sie red-**en***

1 **Setze die Infinitive in den Klammern in der richtigen Form ein. Achte auf die richtige Endung.**
TIPP: Umkreise in jedem Satz das Wort (oder die Wortgruppe), nach der sich die Endung des Verbs richtet.

Moritz: „Die meisten Menschen denken (denken), dass Gummibärchen auf der Erde erfunden wurden. Ich ________ (wissen) es aber besser, denn bei guter Sicht ________ (beobachten) ich sie durch mein Fernrohr. Du ________ (glauben) mir nicht? Sie ________ (leben) auf einem Planeten. Dieser Planet ________ (bestehen) aus Wackelpudding verschiedener Farben. Es ________ (duften) dort sicher herrlich. Natürlich ________ (geben) es diesen Duft nur in meiner Vorstellung, ich ________ (riechen) ihn nicht durchs Fernrohr. Oder ________ (kennen) du eine Geruchsübertragung über Tausende von Kilometern? Ein riesengroßer Gummibär ________ (herrschen) in diesem Land. Er ________ (trommeln) manchmal alle Gummibärchen zusammen und dann ________ (entstehen) in kürzester Zeit ein großes, buntes Durcheinander. Gummibärchen ________ (scheinen) überhaupt mehr zu purzeln, als zu gehen. Das ________ (sehen) sehr witzig aus.

2 **Konjugiere die folgenden Verben:**

ich lese, du liest, ________

ich vergesse, du ________

ich esse, ________

ich nehme, ________

Achtung!
Es gibt Verben, bei denen in der 2. und 3. Person Singular der Stammvokal wechselt, z. B.: *ich spreche → du sprichst, er/sie/es spricht.*

Information **Der Imperativ** (Befehlsform des Verbs)

Den **Imperativ** des Verbs verwenden wir für **Aufforderungen, Bitten** und **Befehle.** Er richtet sich an eine oder mehrere Personen, z. B.: *Lauft schneller! Gib mir bitte das Salz!*

- Der **Imperativ Singular** (an eine Person gerichtet) wird durch den **Stamm des Verbs** gebildet, z. B.: *laufen → lauf!, schreiben → schreib!*
  Manchmal wird auch *-e* an den Stamm gehängt, z. B.: *reden → rede!, gehen → geh(e)!*
  Achtung: Bei einigen Verben **wechselt** beim Imperativ Singular der **Stammvokal** von ***e*** zu ***i***, z. B.: *geben → gib!, sehen → sieh!, essen → iss!, lesen → lies!, sprechen → sprich!*
- Der **Imperativ Plural** (an mehrere Personen gerichtet) wird in der Regel durch den **Stamm des Verbs** mit der **Endung *-t*** gebildet, z. B.: *geben → gebt.*
- Ein **Ausrufezeichen** steht nach dem Imperativ, wenn du der Aussage einen **besonderen Nachdruck** verleihen willst.

3 **Ergänze die fehlenden Formen (Stamm des Verbs und Imperativformen im Singular und im Plural).**

Infinitiv	Stamm des Verbs	Imperativ Singular	Infinitiv	Stamm des Verbs	Imperativ Plural
schlafen	schlaf	schlaf!	laufen		
bleiben			lesen		
fahren			ziehen		

4 **Formuliere in deinem Heft ganze Sätze, in denen du Imperative verwendest. Beachte die Großschreibung am Satzanfang. Bedenke auch das Satzzeichen am Ende.**

Wozu fordert die Mutter ihr Kind auf?

Der Bruder will sich von seiner Schwester das Fernrohr ausleihen.

Der Vater möchte, dass seine Tochter ins Raumschiff einsteigt und die Tür schließt.

⊕ **5** **Formuliere mit den Verben aus dem Wortschatzkasten rechts kurze Befehle, Aufforderungen oder Bitten an mehrere Personen im Plural. Verwende hierbei den Imperativ.**

schlafen • schreiben • nehmen • öffnen • sehen • fahren

Wortarten

1 **Um welche Wortart handelt es sich? Ordne die unterstrichenen Wörter in die Liste ein. (13 Punkte)** ☐

Es gibt Menschen mit ungewöhnlichen Urlaubsplänen. Anstatt im Meer zu schwimmen oder über die Berge zu wandern, wollen sie lieber ins All fliegen. Schon bald will eine Firma Touristen mit einem Raumschiff Richtung Mond schicken. „Es war schon immer mein größter Traum, unsere Erde aus dem All zu betrachten", sagt eine der Testpersonen.

Nomen:	______________	**Präposition:**	______________
Verb:	______________	**Artikel:**	______________
Adjektiv:	______________	**Pronomen:**	______________

2 **In welchem Kasus stehen die markierten Wörter und Wortgruppen? Kreuze an. (6 Punkte)** ☐

	Nominativ	Genitiv	Dativ	Akkusativ
In einem Raumschiff sind alle Körper schwerelos.	☐	☐	☐	☐
Astronauten gurten ihre Schlafsäcke in der Nacht an.	☐	☐	☐	☐
Sonst würden sie nachts frei herumschweben.	☐	☐	☐	☐
In der Schwerelosigkeit des Weltraums ist auch das Trinken nicht einfach.	☐	☐	☐	☐
„Wir geben den Astronauten spezielle Strohhalme.	☐	☐	☐	☐
Damit können sie alle Getränke aus Plastikbeuteln saugen", sagt eine Weltraumforscherin.	☐	☐	☐	☐

3 **Kreuze an, um welche Steigerungsstufe es sich handelt. (2 Punkte)** ☐

	Positiv	Komparativ	Superlativ
Mein größter Wunsch ist der Besuch einer Sternwarte.	☐	☐	☐
Sehr interessant finde ich den Raumschiffsimulator.	☐	☐	☐
21 Meter misst das längste Fernrohr der Welt.	☐	☐	☐

4 **Kreuze an, um welche Verbform es sich handelt. (2 Punkte)** ☐

Halte bitte mal meinen Rucksack.	☐ Imperativ Singular	☐ 2. Person Singular	☐ Imperativ Plural
Da vorne halten zwei Busse.	☐ Infinitiv	☐ 3. Person Plural	☐ Imperativ Plural

Prüfe deine Lösungen mit Hilfe des Lösungsheftes. Für jede richtige Antwort bekommst du einen Punkt.

☺ 23–17 Punkte	😐 16–11 Punkte	☹ 10–0 Punkte
Gut gemacht!	Gar nicht schlecht, aber lies dir die Merkkästen auf den Seiten 33–41 noch einmal genau durch.	Arbeite die Seiten 33–41 noch einmal genau durch.

Die Tempora (Zeitformen) der Verben

Das Präsens

Information **Die Zeitform Präsens** (Gegenwartsform)

Verben kann man in verschiedenen Zeitformen (Tempora) verwenden, z. B. im Präsens *(ich rede)*, im Präteritum *(ich redete)*, im Futur *(ich werde reden)*. Die **Zeitformen sagen** uns, **wann etwas passiert,** z. B. in der Gegenwart, in der Vergangenheit oder in der Zukunft.

Das **Präsens** (die Gegenwartsform) wird verwendet,

- wenn man über etwas spricht, was **gerade jetzt** geschieht, z. B.: *Ich schaue gerade zu den Sternen.*
- wenn eine Aussage **immer** gilt, z. B.: *Die Sonne geht im Osten auf.*
- um etwas **Zukünftiges** auszudrücken. Meist verwendet man dann eine Zeitangabe, die auf die Zukunft verweist, z. B.: *Morgen besuche ich dich.*

Das Präsens wird gebildet durch den Stamm des Verbs + Personalendung (▸ S. 40), z. B.:
ich schau-e, du schau-st, er/sie/es schau-t, wir schau-en, ihr schau-t, sie schau-en.

1 **Unterstreiche im folgenden Text alle Verbformen, die im Präsens stehen.**
TIPP: Zwei Verbformen bestehen aus einem zweiteiligen Prädikat (▸ S. 53).

Was ist dunkle Materie?

Während wir am Abend die Schönheit des Sternenhimmels bestaunen, schauen die Astronomeninnen und Astronomen mit ihren modernen Teleskopen Milliarden von Lichtjahren weit ins All. Die leuchtenden Sterne und Planeten, die sie sehen, machen aber nur 10 Prozent des Universums aus. Die anderen 90 Prozent sind für uns Menschen unsichtbar. Die Erforschung dieser rätselhaften dunklen Materie begann schon 1930. Weltweit machten sich damals Wissenschaftlerinnen und Wissenschaftler auf die Jagd nach der unsichtbaren Materie im Universum. Sie forschten und fanden heraus: Die rätselhafte dunkle Materie erkennt man nur an ihrer Wirkung, der Schwerkraft. Sie treibt die Galaxien auseinander, sodass die Entfernungen zwischen den Planetensystemen zunehmen. Es gibt anscheinend eine Kraft, die dafür sorgt, dass sich das Universum immer weiter ausdehnt. Diese Kraft heißt dunkle Materie.

2 **Rätselhaft: In den Sätzen 1 bis 3 steckt je ein Rätsel. Setze die Infinitive aus den Klammern ins Präsens. Achte dabei auf die richtige Endung bei den Verben. Schreibe dann die Lösung des Rätsels auf.**
TIPP: Umkreise in jedem Satz das Wort (oder die Wortgruppe), nach dem sich die Endung des Verbs richtet.

1 Menschen __________ (kennen) sie als blauen Ball. Sie ________ (fliegen) um die Sonne. die __________

2 Sie ________ (sein) ein riesengroßer, glühender Gasball. Sie __________ (wärmen) uns. die __________

3 Wir __________ (sehen) sie nur im Dunkeln als kleine Lichtpunkte. die __________

3 **Das Präsens drückt aus, was gerade geschieht (1), was immer so ist (2) oder etwas Zukünftiges (3). Prüfe, warum in den folgenden Sätzen das Präsens verwendet wird. Notiere dann die entsprechende Zahl.**

☐ Morgen besuche ich eine Sternwarte.

☐ Um die Erde kreist der Mond.

☐ Sterne sind Kugeln aus leuchtendem Gas.

☐ Ich schaue in den Sternenhimmel.

Das Futur

Information **Die Zeitform Futur** (Zukunftsform)

Das Futur (Zukunftsform) wird verwendet, um ein zukünftiges Geschehen auszudrücken, z. B.:
Ich werde übermorgen verreisen.
Das Futur wird gebildet durch die Personalform von werden im Präsens + ***Infinitiv*** des Verbs, z. B.:
Ich werde ***verreisen,*** *du wirst* ***verreisen,*** *er/sie/es wird* ***verreisen,*** *wir werden* ***verreisen*** usw.

1 Markiere im folgenden Text alle Futurformen.
Beachte: Eine Futurform hat immer zwei Teile. Nicht alle Verbformen stehen im Futur.
Prüfe: Wie viele Futurformen hast du unterstrichen: 5, 9 oder 10?

2 **a** Welche Berufe wird es im Jahr 3000 geben? Setze die folgenden Sätze in die Zeitform Futur.

Weltraumberufe: Was werden Menschen im Jahr 3000 machen?

Heutzutage untersuchen Geologinnen und Geologen den Aufbau und die Geschichte der Erde. Im Jahr 3000 wird es vielleicht Planetologinnen und Planetologen geben. Sie werden im Weltraum leben. Dort werden sie die Oberfläche neuer Planeten erforschen. Auch für Biologinnen und Biologen wird es spannende Aufgaben geben, denn sie werden die außerirdische Pflanzenwelt entdecken. Architektinnen und Architekten werden riesige Weltraumstädte entwerfen und dort werden Menschen in schwebenden Wohnungen leben. Die Planung von Spielplätzen wird besonders kniffelig werden. Denn welche Rutsche wird ohne Schwerkraft funktionieren? Aber Hüpfburgen werden sicherlich viel Spaß machen.

Dr. Andromix entdeckt neue, unbekannte Galaxien.

____

Die Mac-Zwillinge arbeiten im Weltraumzoo. Sie zeigen den Besuchern dort Merkur-Männchen und Pluto-Ferkel.

____

____

b Was wirst du im Jahr 3000 tun? Schreibe zwei Sätze in der Zeitform Futur auf.

____

____

⊕ **3** Forme den Satz ins Präsens um.
Achtung: Es muss trotzdem klar sein, dass der Außerirdische von der Zukunft spricht.
Schreibe in dein Heft.

Das Perfekt

Information **Die Zeitform Perfekt**

Die Zeitform **Perfekt** verwendet man meist, wenn man **mündlich von Vergangenem** erzählt oder berichtet. Das **Perfekt** ist eine **zusammengesetzte Vergangenheitsform.** Es wird mit einer Präsensform von *haben* oder *sein* und dem ***Partizip II*** gebildet, z. B.:
*Ich habe **gelesen,** du hast **beobachtet,** wir sind **gerannt,** ihr seid **eingeschlafen.***
TIPP: Verben der Fortbewegung bilden das Perfekt mit sein, z. B.: *ich bin gerannt, wir sind gefahren.*

1 **Unterstreiche im folgenden Interview alle Verben, die in der Zeitform Perfekt stehen. Unterstreiche beide Teile des Perfekts, z. B.: … sind … geworden.**

Interview mit einem Astrophysiker

Frage: Als Astrophysiker erforschen Sie den Weltraum und untersuchen zum Beispiel die Entstehung der Sterne. Warum sind Sie eigentlich Astrophysiker geworden?
Matthias Grupp: Der Weltraum hat mich schon als Kind begeistert. Mit dem Fernrohr meines Vaters habe ich den Himmel beobachtet und mir viele Fragen gestellt, zum Beispiel: Warum ist eigentlich noch nie ein Stern vom Himmel gefallen? Und natürlich habe ich 1969 die erste Mondlandung im Fernsehen verfolgt.
Frage: Die Mondlandung haben ungefähr 600 Millionen Menschen gesehen, aber die meisten haben dann doch gewöhnliche Berufe wie Bäcker oder Lehrerin gewählt. Sie haben das aber nicht getan. Warum?
Matthias Grupp: Ja, da ist wohl einiges mehr hinzugekommen. In der Schule haben mich die Fragen aus dem Physikunterricht besonders interessiert, zum Beispiel: Warum erscheint der Mond manchmal als Vollmond und manchmal als Sichel? Was ist die Milchstraße? Später habe ich dann Physik und Astrophysik studiert.

2 **Fülle die Lücken, indem du die Infinitive in den Klammern in die Zeitform Perfekt setzt. Beachte, dass das Perfekt aus zwei Teilen (*haben/sein* + Partizip II) besteht.**

Frage: Was haben Sie bisher als Astrophysiker erforscht (erforschen)?

Matthias Grupp: Ich ______________ in den letzten Jahren die Größe, das Alter und die Zusammensetzung von Sternen ______________ (untersuchen). Dafür ______________ ich vor drei Monaten sogar nach Südamerika ______________ (fliegen). Denn in der Atacama-Wüste in Chile ______________ Spezialisten die größten Fernrohre der Welt ______________ (entwickeln).

Frage: ______________ Sie nur wegen der Sterne in die chilenische Wüste ______________ (reisen)?

Matthias Grupp: Ja. Ich ______________ genau das ______________ (machen). Weil der chilenische Himmel zu den klarsten und dunkelsten der Welt zählt, ______________ ich dort zusammen mit einem Forschungsteam jede Nacht vor dem Fernrohr ______________ (sitzen).

Das Präteritum

Information **Die Zeitform Präteritum**

Das **Präteritum** ist eine **einfache Zeitform der Vergangenheit.** Es wird vor allem in schriftlichen Erzählungen und in Berichten (z. B. Unfallbericht) verwendet. Man unterscheidet:

- **regelmäßige** (schwache) **Verben:** Der Vokal im Verbstamm ändert sich nicht, wenn das Verb ins Präteritum gesetzt wird: z. B.: *ich besuche* (Präsens) – *ich besuchte* (Präteritum).
- **unregelmäßige** (starke) **Verben:** Der **Vokal** im Verbstamm **ändert sich** im Präteritum, z. B.: *ich sehe* (Präsens) – *ich sah* (Präteritum).

1 **a** Ergänze die fehlenden Verbformen in der Tabelle.
b Markiere den Vokal im Verbstamm und kreuze an, ob es sich um ein regelmäßiges oder ein unregelmäßiges Verb handelt.

Präteritum (Vergangenheitsform)	Präsens (Gegenwartsform)	Infinitiv (Grundform)	regelmäßig	unregelmäßig
er brachte	er bringt	bringen	☐	☒
sie las			☐	☐
sie trugen			☐	☐
ich fand			☐	☐
er merkte			☐	☐
sie halfen			☐	☐

2 Lies die folgende Geschichte, die man sich in Polynesien zum Sternbild Skorpion erzählt. Fülle dazu die Lücken, indem du die Infinitive in die Zeitform Präteritum setzt.

Die Menschen auf der Inselgruppe Polynesien sehen in dem Stachel des Skorpions einen riesigen Angelhaken. Sie erzählen sich folgende Geschichte: Ein junger Mann fuhr ______ (fahren) zum Angeln aufs Meer hinaus. Bald ______ (haben) er etwas Riesengroßes am Haken. Er ______ (sehen), dass an seiner Angel kein Fisch, sondern ein großes Stück Land mit Bäumen, Bergen und Tieren ______ (hängen). Mit einem gewaltigen Ruck ______ (ziehen) er das Land aus dem Wasser. Immer wieder ______ (entstehen) auf diese Weise neue Inseln. Man ______ (nennen) diese vielen Inseln im Pazifik später Polynesien.

3 Emma hat für die Schülerzeitung einen Bericht über den letzten Klassenausflug geschrieben und dabei nur die Zeitform Präsens verwendet.
- Streiche die 18 falsch gewählten Tempusformen durch. Verbessere sie in der rechten Spalte, indem du die Verbformen ins Präteritum setzt, wo von Vergangenem berichtet wird.
- Beachte: Manche Verben müssen im Präsens stehen, da sie etwas ausdrücken, was immer so ist.

Vorsicht Fehler!

Naturschauspiel Sonnenfinsternis

In der letzten Woche, am 23. August, ~~findet~~ in Deutschland eine Sonnenfinsternis statt. Eine Sonnenfinsternis entsteht immer dann, wenn Sonne, Mond und Erde auf einer Linie stehen, also die Sonnenstrahlen auf den Mond fallen und der Mond seinen Schatten auf die Erdoberfläche wirft. Dieses Naturschauspiel wollen wir gemeinsam erleben und fahren deshalb zu einer Sternwarte. Bei der Abfahrt um 7 Uhr morgens sind wir alle noch sehr müde. Zu allem Überfluss ist auch der Himmel an diesem Morgen sehr trüb. Himmelsbeobachtungen sind aber nur bei klarem Wetter möglich. Und so hoffen wir alle auf besseres Wetter. Und tatsächlich: Um 7 Uhr wird der Himmel hell und klar. In der Sternwarte bekommt jeder von uns eine Spezialbrille. Um 9:39 Uhr geht es dann richtig los: Der Mond schiebt sich langsam vor die Sonne. Um 12:36 Uhr stehen wir komplett im Dunkeln. Der Mond verdeckt die Sonne und es wird wegen der fehlenden Sonnenstrahlen sogar etwas kühler. Einige von uns beobachten die Sonnenfinsternis durch die Fernrohre der Sternwarte. Sie haben so bestimmt die beste Sicht auf die verdunkelte Sonne. Um 12:40 Uhr endet dann das Schauspiel und es wird wieder hell. Nach diesem fantastischen Naturerlebnis fahren wir um 15 Uhr voller neuer Eindrücke wieder nach Hause.

fand

Das Plusquamperfekt

Information **Die Zeitform Plusquamperfekt**

Wenn etwas vor dem passiert, wovon im Präteritum (▸ S. 46) oder im Perfekt (▸ S. 45) erzählt wird, verwendet man das **Plusquamperfekt.** Das Plusquamperfekt wird deshalb auch **Vorvergangenheit** genannt, z. B.: *Nachdem das Raumschiff sicher gelandet war, jubelte der Raumfahrtchef.*
davor geschehen = Plusquamperfekt — in der Vergangenheit geschehen = Präteritum

Das Plusquamperfekt besteht wie das Perfekt (▸ S. 45) **aus zwei Teilen:** einer Form von ***haben*** oder ***sein*** im Präteritum (z. B. *hatte, war*) und dem ***Partizip II*** **des Verbs** (*gelandet, betreut, gesendet*), z. B.:
*Nachdem wir etwas **gegessen** hatten, gingen wir los.*
*Nachdem wir im Kino **angekommen** waren, kauften wir die Karten.*
TIPP: Die Konjunktion *nachdem* leitet oft einen Nebensatz im Plusquamperfekt ein.

1 a Was passierte zuerst, was passierte danach?
Notiere in den Klammern die entsprechenden Nummern: 1 = zuerst, 2 = danach.
b Prüfe: Für welche Sätze trifft der Tipp aus dem Merkkasten oben zu? Kreuze an.

	Tipp trifft zu: ja	nein
A Nachdem der italienische Mathematiker Galileo Galilei von der Erfindung des Fernrohrs gehört hatte (_____), baute er ein solches Fernrohr nach (_____).	☐	☐
B Galilei entdeckte die vier größten Monde deS Planeten Jupiter (_____), nachdem er mehrere Wochen lang den Sternenhimmel beobachtet hatte (_____).	☐	☐

2 Präteritum oder Plusquamperfekt? Setze die eingeklammerten Verben in das richtige Tempus.

Nachdem der Sternenforscher Schiaparelli 1877 auf dem Mars lange, dunkle Linien ____________________ (entdecken), ____________________ (nennen) man diese Linien Marskanäle und ____________________ (deuten) sie als Bauwerke von Marsmenschen. Lange glaubte man, dass es Leben auf dem Mars gibt. Von dieser Idee ____________________ (verabschieden) man sich in der Wissenschaft erst, nachdem 1965 die US-Sonde „Mariner 4“ Fotos vom Mars ____________________ (machen).

3 Verbinde in deinem Heft die Sätze A bis C mit *nachdem*. Achte auf die richtigen Zeitformen und die Kommasetzung.

A Im Jahr 2016 stürzte die Marssonde „Schiaparelli“ ab.
Man rätselte lange über die Ursachen des Absturzes.
B Durch einen Computerfehler befreite sich die Sonde viel zu früh von ihrem Fallschirm.
Sie stürzte ab.
C Die Sonde fiel mit einer Geschwindigkeit von 540 km/h ungebremst auf die Marsoberfläche.
Bilder zeigten die Einschlagstelle der Marssonde.

Die Tempora (Zeitformen) der Verben

1 **a** **Markiere im folgenden Text alle Verbformen. (6 Punkte)**
b **Schreibe auf, in welcher Zeitform dieser Text steht. (1 Punkt)**

Sind Sie auf der Suche nach einem galaktischen Job? Als Planetenbeschützer/-in stoppen Sie die Verunreinigung des Weltraums inklusive unserer Erde. Wie Sie das machen? Sie verhindern bei Weltraumflügen das Mitbringen von Schadstoffen auf die Erde. Und umgekehrt unterbinden Sie den Transport von menschlichen Keimen ins All. Erforderlich für den Beruf ist ein Mathematik- oder Physikstudium.

Der Text steht in der Zeitform ______________________.

2 **Fülle die Lücken, indem du die Infinitive in die Tempusform setzt, die angegeben ist. (10 Punkte)**

Einen Planetenbeschützer ______________ (geben/Präsens) es tatsächlich. Der neunjährige Jack Davis aus den USA ______________ (lesen/Präteritum) diese Stellenausschreibung und ______________ (bewerben/Präteritum) sich auf diese Stelle bei der NASA. Er ______________ (schreiben/Präteritum): „Ich ______________ fast alle Weltraum- und Alienfilme ______________ (sehen/Perfekt). Außerdem ______________ (sein/Präsens) ich noch jung und ______________ (können/Präsens) die Sprache der Außerirdischen erlernen.“ Seinen Brief ______________ (unterzeichnen/Präteritum) er mit: „Hochachtungsvoll, Jack Davis, Wächter der Galaxie, 4. Klasse.“ Nachdem der Leiter der Abteilung für Planetenwissenschaften Jacks Brief ______________ (lesen/Plusquamperfekt), ______________ (verfassen/Präteritum) er ein freundliches Antwortschreiben.

3 **Setze den folgenden Satz in die Zeitform Futur: (1 Punkt)**

Vielleicht arbeitet Jack später wirklich als Planetenbeschützer bei der NASA.

____

Prüfe deine Lösungen mit Hilfe des Lösungsheftes. Für jede richtige Antwort bekommst du einen Punkt.

☺ 18–14 Punkte	😐 13–9 Punkte	☹ 8–0 Punkte
Gut gemacht!	Gar nicht schlecht, aber lies dir die Merkkästen auf den Seiten 43–48 noch einmal genau durch.	Arbeite die Seiten 43–48 noch einmal genau durch.

Satzglieder

Der Aufbau von Sätzen – Felder, Satzklammer, Satzglieder

Information **Die Grundstruktur des Satzes**

Der Aufbau eines Satzes wird im Deutschen durch das Verb bestimmt: Es bildet das **Prädikat** (▸ S. 53). In einem Aussagesatz steht die **Personalform des Verbs** (der gebeugte/flektierte Teil) an zweiter Stelle. Aussagesätze werden daher auch als **Verbzweitsätze** bezeichnet. Oft ist das Prädikat zweiteilig und bildet eine **Satzklammer** (▸ S. 53).

Vorfeld	linke Satzklammer	Mittelfeld	rechte Satzklammer	Nachfeld
Der englische Schriftsteller H.G. Wells	*hat*	*im Jahr 1895 einen der bekanntesten Romane*	*verfasst,*	*in dem es um Zeitreisen geht.*

Satzglieder nennt man die Wörter oder Wortgruppen, die beim Umstellen des Satzes zusammenbleiben (▸ S. 52). Durch die Satzklammer ergeben sich **drei Felder,** in denen die Satzglieder stehen können:

- Im **Vorfeld** steht **im Aussagesatz** nur ein Satzglied. Oft ist es das Subjekt (▸ S. 54).
- Im **Mittelfeld** (nach der Personalform des Verbs) können mehrere Satzglieder stehen.
- Im **Nachfeld** stehen nachgestellte Informationen, z. B. in Form eines weiteren Satzglieds oder eines Nebensatzes.

Vorfeld und linke Satzklammer müssen in vollständigen Sätzen **immer besetzt sein.** Die anderen Felder können auch frei bleiben.

Steht die **Personalform des Verbs an erster Stelle,** spricht man vom **Verberstsatz,** z. B. in einem Fragesatz: ***Kennst** du Geschichten mit Zeitreisen?* Man spricht von einem **Verbletztsatz,** wenn das **Verb an letzter Stelle** steht, z. B. im Nebensatz (▸ S. 64): *Er mag das Buch, weil es darin um Zeitreisen **geht.***

1 **Spiele mögliche Stellungen der Satzglieder im folgenden Satz durch. Besetze dazu das Vorfeld unterschiedlich. Trage den Satz jeweils in die Tabelle ein oder schreibe in dein Heft.**
TIPP: Das Nachfeld muss nicht besetzt werden.

Der Schriftsteller E. P. Mitchell hat im Jahr 1881 als erste Kurzgeschichte mit einer Zeitreise „Die Uhr, die rückwärtsläuft" in der Zeitschrift *The Sun* veröffentlicht.

Vorfeld	linke Satzklammer	Mittelfeld	rechte Satzklammer	Nachfeld
Der Schriftsteller E. P.				
Mitchell	hat		veröffentlicht	
Als erste Kurz-				
geschichte hat	hat		veröffentlicht	

2 Gliedere die Sätze des folgenden Textes nach dem Feldermodell.
Trage sie dazu in die nachstehende Tabelle ein oder schreibe in dein Heft.
TIPP: Außer in der Überschrift sind bei jedem Satz alle Felder besetzt.

Zeitreisen stellen ein Abenteuer durch die Zeit dar

Viele Menschen würden gern in der Zeit reisen zu weit entfernten Ereignissen in der Vergangenheit oder in der Zukunft. Man könnte die Dinosaurierer besuchen in ihren urzeitlichen Landschaften. Andere würden eine ferne Zukunft bevorzugen mit ihren unglaublichen Erfindungen. In der Wissenschaft werden Zeitreisen als unmöglich erachtet aufgrund der Gesetze der Physik. Die Idee der Zeitreise bleibt für viele jedoch weiterhin faszienierend allein der Fantasie wegen.

Vorfeld	linke Satzklammer	Mittelfeld	rechte Satzklammer	Nachfeld
Zeitreisen	stellen	Abenteuer in der Zeit	dar.	
Man				

⊕ **3** Überarbeite den folgenden Text, indem du ihn durch Umstellung der Satzglieder abwechslungsreicher gestaltest.

a Unterstreiche zunächst in jedem Satz die Satzklammer.

b Übertrage eine Tabelle wie in Aufgabe 2 in dein Heft und prüfe, welche Teile des Satzes sich in das Vorfeld verschieben lassen. Notiere mögliche Varianten.

c Verbessere den Text, indem du von deinen Varianten jeweils eine sinnvolle aussuchst.

Zeitreisen sind im Science-Fiction beliebt. Sie können die Fantasie beflügeln im Hinblick auf die Vergangenheit oder Zukunft. Zeitreisen werden gegenwärtig allerdings als undurchführbar erachtet. Sie finden vorerst nur im Kopf, auf Bildern, in Filmen oder in der Literatur statt.

Satzglieder erkennen – Die Umstellprobe

Information **Die Satzglieder**

Ein Satz besteht aus verschiedenen Satzgliedern. Diese **Satzglieder** können aus einem **einzelnen Wort** oder aus **mehreren Wörtern** (einer Wortgruppe) bestehen. Mit der **Umstellprobe** kannst du herausfinden, **wie viele Satzglieder** ein Satz hat. Wörter oder Wortgruppen, die bei der **Umstellprobe** immer zusammenbleiben, bilden ein Satzglied, z. B.:

Ich reise mit einer Zeitmaschine zu den Wikingern.

Zu den Wikingern reise ich mit einer Zeitmaschine.

1 Paul bekommt merkwürdige Post. In einem Briefumschlag findet er die folgenden Papierschnipsel. Setze die Botschaft aus den Papierschnipseln zusammen. Schreibe den Satz auf die Linien unten. TIPP: Schreibe am Satzanfang groß und vergiss den Punkt am Satzende nicht.

alten | das | beginnt | Abend | in | Garage | Abenteuer | heute | der

2 **a** Wie kannst du die Satzbausteine noch kombinieren? Führe die Umstellprobe durch und schreibe zwei weitere Möglichkeiten auf.

b Welche Wörter und Wortgruppen bleiben beim Umstellen immer zusammen? Umkreise diese Satzglieder mit verschiedenen Farben.

⊕ **3** Wie viele Satzglieder haben die folgenden Sätze? Nutze die Umstellprobe. Schreibe dann die Sätze in die passende Zeile. In jeden Kasten gehört ein Satzglied.

A Paul wartet ungeduldig auf seine Freundin.
B Paul und Louisa gehen in die Garage.
C Nach fünf Minuten entdecken sie im Regal eine Zeitmaschine.

Satzglieder bestimmen – Das Prädikat als Satzkern

Information **Satzglieder: das Prädikat**

Der **Kern des Satzes** ist das Prädikat. Prädikate werden durch **Verben** gebildet. In einem Aussagesatz steht die Personalform des Verbs (der gebeugte Teil) immer **an zweiter Satzgliedstelle,** z. B.:
Paul reist mit einer Zeitmaschine in die Vergangenheit.
Ein Prädikat kann aus **mehreren Teilen** bestehen, die eine **Satzklammer** bilden, z. B.:
- bei mehrteiligen Verben, z. B.: *anschauen – Aufgeregt schaut sich Paul die Zeitmaschine an.*
- bei zusammengesetzten Zeitformen, z. B.: *Ich habe eine Zeitmaschine entdeckt.* (Perfekt)
  Sie sind ins Weltall geflogen. (Perfekt)

1 **a** **Forme den Satz mit Hilfe der Umstellprobe in zwei weitere Satzvarianten um.**
b **Umkreise das Satzglied, das bei allen Umstellungen an der zweiten Satzgliedstelle bleibt.**

Paul und Louisa füttern die Zeitmaschine mit Jahr und Ort der Landung.

______

______

2 **Umkreise bei den folgenden Sätzen alle Prädikate. Bei manchen Sätzen besteht das Prädikat aus zwei Teilen. Mache diese Satzklammer durch eine Klammer wie der Information oben deutlich.**

– Louisa und Paul sind mit der Zeitmaschine in der Steinzeit angekommen.
– In dieser Zeit stellte man alle Waffen und Werkzeuge aus Stein her.
– In der Steinzeit lebten die Menschen als Bauern und Viehzüchter an einem Ort.
– Die wichtigste Errungenschaft in dieser Zeit war die Entdeckung des Feuers.
– Es diente zum Erhitzen des Essens und als Schutz gegen wilde Tiere.
– In der Steinzeit sind die Menschen nicht einfach zum Arzt gegangen.
– Stattdessen fertigten sie aus Heilkräutern Salben und Tees an.

⊕ **3** **Bilde aus den Schlagzeilen vollständige Sätze im Präteritum.**
Umrahme die Personalform des Verbs und unterstreiche den restlichen Teil des Verbs.
Prüfe: Steht der von dir umrahmte Teil an zweiter Satzgliedstelle?

Formel-1-Favorit nach erster Runde aufgegeben • Astronaut nach einem Jahr aus dem All zurückgekommen

______

______

Satzglieder erfragen – Das Subjekt

Information **Satzglieder: das Subjekt**

Das Satzglied **Subjekt** gibt an, **wer oder was handelt oder etwas tut,** z. B.:
Der Junge untersucht die Zeitmaschine.

- Das Subjekt erfragt man (vom Prädikat aus) mit der **Frage:** ***Wer oder was …?***
  Die Zeitmaschine besteht aus Metall. – Wer oder was besteht aus Metall?
- Das Subjekt kann **aus einem oder mehreren Wörtern** bestehen. Um das herauszufinden, wende die Umstellprobe an. *Die neu entwickelte Zeitmaschine funktionierte zuerst nicht.*
- Das Subjekt eines Satzes steht **immer im Nominativ** (▸ 1. Fall, S. 35).
- **Prädikat und Subjekt** sind eng miteinander verbunden. Sie müssen im **Numerus** (Anzahl) **übereinstimmen,** z. B.: *Die Kinder rennen. Das Kind rennt.*

1 **Erfrage bei den folgenden Sätzen alle Subjekte und unterstreiche sie in den Sätzen. Stelle dir hierzu im Kopf die Frage nach dem Subjekt, z. B.:** Wer oder was steht bei unserer Zeitreise …? **Achtung: Das Subjekt kann aus einem oder mehreren Wörtern bestehen.**

– Die Zeit des alten Ägyptens steht bei unserer Reise mit der Zeitmaschine ganz oben auf der Liste.

– Die alten Ägypter betrieben einen aufwendigen und geheimnisvollen Totenkult.

– Nach ägyptischem Glauben konnte die Seele eines Menschen nur in einem unversehrten Körper weiterleben.

– Deshalb mumifizierten die Ägypter die Verstorbenen mit einem speziellen Verfahren.

– Für das Leben im Jenseits legten die Angehörigen dem Toten auch Kleidung, Schmuck und Nahrung ins Grab.

⊕ **2** **Prüfe, ob Subjekt und Prädikat im Numerus übereinstimmen. Streiche falsche Prädikate durch und schreibe das Prädikat, das im Numerus zum Subjekt passt, auf die Linie.** Vorsicht Fehler!

Warum gab es im alten Ägypten Pyramiden? Den Ägyptern war ihre ______
Könige so wichtig, dass sie ihnen riesige Grabstätten, die Pyramiden, ______
bauten. Der Weg zur Grabkammer des Königs führen durch dunkle ______
Tunnel und geheime Gänge. Keine Grabräuber sollte die letzte ______
Ruhestätte des Pharaos stören. Deshalb waren auch der Eingang zur ______
Pyramide versteckt. ______

Satzglieder erfragen – Akkusativ- und Dativobjekte

Information **Satzglieder: die Objekte**

Ein Satz *(Louisa schreibt.)* kann durch weitere Satzglieder erweitert werden, z. B. durch Objekte, z. B.:
Louisa schreibt ihrem Freund eine Mail.
Wem ...? Dativobjekt – Wen oder was ...? Akkusativobjekt

- **Akkusativobjekt** heißt das Objekt, das du mit **„Wen oder was ...?“** erfragst. Es steht im Akkusativ, z. B.: *Wen oder was lieben Louisa und Paul? – Louisa und Paul lieben die Zeitmaschine.*
- **Dativobjekt** heißt das Objekt, das du mit **„Wem ...?“** erfragst. Es steht im Dativ, z. B.: *Wem glauben ihre Eltern nicht? – Ihre Eltern glauben den beiden nicht.*

Objekte können aus einem oder mehreren Wörtern bestehen.

1 **Erfrage in den folgenden Sätzen die *kursiv* gedruckten Objekte.**
Notiere dann, ob es sich um ein Akkusativ- oder ein Dativobjekt handelt.
TIPP: Ermittle zuerst das Prädikat des Satzes und frage dann nach den unterstrichenen Objekten.

Beispielsätze	Frage	Art des Objekts
Louisa und Paul suchen *ein neues Ziel* für ihre Zeitreisen.	Wen oder was ...?	
Paul würde gerne *einem berühmten Genie* begegnen.		
Louisa lockt das Italien des 15. Jahrhunderts.		
Ihr Vater hat ihr im letzten Urlaub voller Begeisterung *die alten Gebäude* gezeigt.		
Schließlich entscheiden sie sich: Sie werden *Leonardo da Vinci* einen Besuch abstatten.		

2 **Erfrage alle Objekte im folgenden Text.**
Unterringle die Akkusativobjekte
und unterstreiche die Dativobjekte.

Louisa und Paul starten die Maschine. Sie winken der gegenwärtigen Welt, dann geht es los. Wie immer haben sie niemandem ihr Ziel verraten. Am Bordcomputer geben sie Florenz und die Jahreszahl 1472 ein. In diesem Jahr wird ihnen der italienische Maler und Erfinder Leonardo da Vinci begegnen. „Ob er damals schon sein berühmtes Gemälde ‚Mona Lisa‘ im Kopf hatte?“, überlegt Louisa laut. „Vielleicht zeigt er uns sogar seine Fluggerät-Pläne? Er hatte doch auch den Traum vom Fliegen und entwickelte verschiedene Flugmaschinen“, sagt Paul. Am Display der Zeitmaschine sieht Paul die Jahreszahlen: 21. Jahrhundert, 20. Jahrhundert, 19. Jahrhundert, 18. Jahrhundert, 17. Jahrhundert …

3 **Die Wörter vor den Sätzen müssen einmal als Dativobjekt und einmal als Akkusativobjekt eingesetzt werden.**
- **Schreibe in die Kästen jeweils ein A für Akkusativobjekt oder ein D für Dativobjekt.**
- **Setze dann die Objekte in die Lücken ein. Beachte, dass sich die Artikel und die Endungen der Nomen durch den Kasus (Akkusativ oder Dativ) verändern.**

der Künstler Leonardo
- [A] In Florenz finden die beiden den Künstler Leonardo ______ erst gar nicht.
- [ ] Sie begegnen ______ in einem Leichenhaus.

der menschliche Körper
- [ ] Leonardo: „Ich möchte, dass die Figuren auf meinem Bild ______ ähnlich sind.
- [ ] Deshalb muss ich ______ genau kennen.

die Vögel
- [ ] Aber ehrlich gesagt, beobachte ich noch genauer ______.
- [ ] Es muss doch möglich sein, ______ das Fliegen abzugucken."

der geniale Erfinder
- [ ] Paul erkennt in diesem Moment ______.
- [ ] Einige Jahre später wird es ______ gelingen, die Zeichnung eines funktionstüchtigen Fluggeräts anzufertigen.

4 **Bilde Sätze mit Akkusativ- und Dativobjekt. Passe Artikel und Endung an den Kasus an. Schreibe in dein Heft.**

Leonardo da Vinci •	verrät •	der Künstler •	Erfolg.
Paul •	wünscht •	die beiden •	seine ersten Kunstwerke.
Leonardo •	zeigt •	die Kinder •	eine Skizze der „Mona Lisa".
Der Erfinder •	schenkt •	seine Gäste •	seine neuesten Ideen.

⊕ **5** **a Ordne die folgenden Verben richtig ein:**
erkennen, helfen, begrüßen, gehören, glauben, gratulieren.
b Suche dann für jede Spalte noch mindestens zwei weitere Verben.

Diese Verben fordern ein Dativobjekt (Frage: Wem ...?)	**Diese Verben fordern ein Akkusativobjekt** (Frage: Wen oder was ...?)

Genaue Angaben machen – Adverbiale Bestimmungen

Information **Satzglieder: adverbiale Bestimmungen** (auch: Adverbialien)

- **Adverbiale Bestimmungen** (Umstandsbestimmungen) **sind Satzglieder,** die man mit den Fragen **Wann ...?, Wo ...?, Warum ...?, Wie ...?** ermittelt. Sie liefern zusätzliche **Informationen** über den **Ort,** über die **Zeit,** über den **Grund** und über die **Art und Weise** eines Geschehens oder einer Handlung.
- Adverbiale Bestimmungen können aus einem oder mehreren Wörtern bestehen.

Frageprobe	Satzglied	Beispiel
Wo? Wohin? Woher?	adverbiale Bestimmung **des Ortes**	*Wo steht die Zeitmaschine?* *Die Zeitmaschine steht in der Garage.*
Wann? Wie lange? Seit wann?	adverbiale Bestimmung **der Zeit**	*Wann reisen wir in die Vergangenheit?* *Heute reisen wir in die Vergangenheit.*
Warum? Weshalb?	adverbiale Bestimmung **des Grundes**	*Warum reisen wir nicht allein?* *Wegen der Gefahren reisen wir nicht allein.*
Wie? Auf welche Weise? Womit?	adverbiale Bestimmung **der Art und Weise**	*Wie reisen wir durch die Zeit?* *Wir reisen heimlich durch die Zeit.*

1 **Mit welchen Fragen kannst du die *kursiv* gedruckten adverbialen Bestimmungen erfragen?**
– Notiere das Fragewort.
– Kreuze dann an, um welche adverbiale Bestimmung es sich jeweils handelt.

Adverbiale Bestimmung

Paul und Louisa starten ihre nächste Zeitreise *zu den Wikingern.*

Fragewort: ______________________

☐ der Zeit ☐ des Grundes
☐ des Ortes ☐ der Art und Weise

Diese Nordmänner waren *wegen ihrer Raubzüge* sehr gefürchtet.

Fragewort: ______________________

☐ der Zeit ☐ des Grundes
☐ des Ortes ☐ der Art und Weise

Zwischen dem 8. und 11. Jahrhundert fuhren sie von Skandinavien aus zur See.

Fragewort: ______________________

☐ der Zeit ☐ des Grundes
☐ des Ortes ☐ der Art und Weise

Die Krieger trugen keine Hörnerhelme, aber sie traten *mit einer furchterregenden Kriegsbemalung* auf.

Fragewort: ______________________

☐ der Zeit ☐ des Grundes
☐ des Ortes ☐ der Art und Weise

Der letzte Wikingerkönig Erik Blutaxt verbreitete *aufgrund seines Namens* Angst und Schrecken.

Fragewort: ______________________

☐ der Zeit ☐ des Grundes
☐ des Ortes ☐ der Art und Weise

2 Setze passende adverbiale Bestimmungen aus dem Wortspeicher unten ein.
Die Fragen in Klammern geben dir Hinweise.
TIPP: Es gibt manchmal mehrere Möglichkeiten. Du kannst auswählen.
Achte aber darauf, dass deine Einsetzungen zum Inhalt der Geschichte passen.

Auf den Spuren von Ivar dem Knochenlosen

Neugierig ______________ (Wie?) verlassen Louisa und Paul ihre Zeitmaschine. Sie blicken sich um und sehen eine steile Gebirgskette, die sich im Meer spiegelt. „Wir befinden uns ______________ (Wo?)“, ruft Louisa ______________ (Wie?). „Und ______________ (Wo?) sehe ich die riesigen Wikingerschiffe.“ Als die beiden ______________ (Wo?) ankommen, hören sie ein lautes, tiefes Gelächter. „Wer seid ihr Winzlinge?“ Ein bärtiger Nordmann baut sich ______________ (Wie?) vor ihnen auf. Paul und Louisa bleibt ______________ (Warum?) der Mund offen stehen. „Ho, ho“, dröhnt der Wikingerkönig. „Ich bin Ivar der Knochenlose und ihr sollt meine Gäste sein.“ ______________ (Wann?) stehen Paul und Louisa ______________ (Wo?). Der Wikinger erklärt ihnen, dass die riesigen Segel weder Regen noch Wind durchlassen, weil sie mit Tierfett behandelt sind. „Weht kein Wind, kommen die Ruder zum Einsatz“, erklärt Ivar und zeigt auf die beiden Ruderreihen. „Unsere Schiffe sind ______________ (Warum?) sehr schnell“, erzählt Ivan ______________ (Wie?). Ob die Kinder dem Wikingerkönig ______________ (Wann?) ihr Gefährt zeigen sollen? Wird er verstehen, wer sie sind und woher sie kommen?

im Land der Wikinger • dort • kurze Zeit später • wegen ihrer leichten Bauweise • im Hafen • da hinten • ~~neugierig~~ • aufgeregt • voller Stolz • später • auf dem Deck des Drachenbootes • vor lauter Schreck • blitzschnell

Wortgruppen unterscheiden

Information **Wortgruppen I – Nominal- und Adjektivgruppe**

Satzglieder bestehen oft aus Wortgruppen. Häufig sind die folgenden:
- Von einer **Nominalgruppe** spricht man, wenn ein Nomen den Kern einer Wortgruppe bildet. Das **Nomen steht immer am rechten Rand** dieser Gruppe. Den linken Rand bilden **Artikelwort** (z. B. ein Artikel oder ein Pronomen), z. B.: *Futuro ist eine große Stadt.*
- Innerhalb einer Nominalgruppe kann eine **Adjektivgruppe** stehen, um das Nomen näher zu beschreiben. In Adjektivgruppen **vor Nomen verändern die verstärkenden Wörter ihre Endung nicht**, z. B.: *die **sehr** große Mondstadt, die **überaus** wichtige Entwicklung.*

1 **Unterstreiche im Text alle Nominalgruppen und unterringle alle Adjektivgruppen.**

Die mit Abstand längste Jahreszeit auf dem Planeten Fantasio ist der Winter. Herrlich weiß und pulvrig liegt der Schnee auf allem. Das Umfahren der oft kilometerhohen Schneeberge ist eine richtig schwierige Aufgabe. Eiskalt und oftmals windig sind die Wintermonate natürlich auch. Deshalb liegt das größte Einkaufs- und Vergnügungszentrum des Planeten auch unterirdisch und somit gut geschützt und warm beheizt. Viele Leute auf Fantasio besitzen ein flottes Schneemobil. Wenn die Verbindungswege verschneit oder vereist sind, kommen sie damit schnell und sicher zum nächsten Ziel. Die offizielle Hymne Fantasios ist passenderweise ein Lied mit dem Titel „Mein Planet, das ist der Winter“.

⊕ **2** **a** **Bilde je ein bis zwei eigene Sätze mit einer Nominal- und einer Adjektivgruppe. Schreibe z. B. zu einem eigenen Fantasieplaneten oder einen Ort in der Zukunft.**
b **Unterstreiche in deinen Sätzen die Nominalgruppen und unterringle die Adjektivgruppen.**

Information **Wortgruppen II – Präpositional- und Adjunktorgruppe**

- Präpositionen (▸ S. 39) machen z. B. **zeitliche** (temporale) oder **örtliche** (lokale) **Angaben**. Sie stehen **vor Nomen oder Nominalgruppen** und bestimmen deren **Kasus** (▸ S. 35).
  Mit ihnen zusammen bildet die Präposition eine **Präpositionalgruppe**, z. B.:
  *Die Zeitmaschine landete **an einem fernen Tag in der Zukunft**.*
- Mit Adjektiven kann man Dinge miteinander vergleichen (▸ S. 37 f.). Für den
  – **Vergleich im Positiv** verwendet man die Adjunktion wie, z. B.: *Er ist so alt wie du.*
  – **Vergleich im Komparativ** verwendet man die **Adjunktion *als***, z. B.: *Er ist jünger als du.*

Zusammen mit einer Nominalgruppe entsteht so eine Adjunktorgruppe, z. B.: *jünger als der Alien.*

3 **Vervollständige in den Sätzen mit Hilfe der in Klammern gesetzten Wörter die Präpositionalgruppen. Achte darauf, den richtigen Kasus zu verwenden.**

Wenn die Temperaturen auf Fantasio wieder über ________ *(der Gefrierpunkt)* klettern, dann erwachen auch die Schokoladenbäume aus ________ *(ihr Winterschlaf)* und die süße Ernte. Dies feiern viele mit ________ *(ein Besuch)* in ________ *(eine Gaumenhütte)*. Das sind essbare Häuschen, wo an ________ *(ein warmer Ofen)* das Winterende gefeiert wird. Am Ende des Festes geht man trotz ________ *(die Kälte)* hinaus, gießt heiße Schokolade auf ________ *(der Schnee)* und rollt ihn mit ________ *(ein Stiel)* auf, sodass man ihn schlecken kann. Nach ________ *(das Essen)* werden noch Spiele gespielt, zum Beispiel „Ufo", wo man zu mehreren auf ________ *(eine fliegende Unterasse)* balanciert und gegenseitig an ________ *(ein Seil)* zieht.

4 **Ergänze anstelle des Fragezeichens in den Klammern das passende Vergleichswort *wie* oder *als* und setze dann jeweils die ganze Adjunktorgruppe im passenden Kasus in die Lücken ein.**
TIPP: Die Adjunktorgruppe steht im selben Kasus wie ihr Bezugswort.

Der Planet Fantasio ist viel ________ *(klein ? die Erde)*. Er ist in etwa so ________ *(groß ? der Mond)*. Fantasio sieht von nah und fern ________ *(? ein Schneeball)* aus. Gäste von der Erde sehen den Planeten ________ *(? ein besonderer Ort)* an. Für sie ist er ________ *(? ein riesiges Wintersportgebiet)*, das im All schwebt. Dabei ist es dort so viel ________ *(kalt ? bei uns)*. Es ist dort im Winter so ________ *(kalt ? in der Arktis)* im tiefsten Winter, also zwischen -20 °C und -40 °C.

Texte überarbeiten – Sätze mit Proben verbessern

Information **Texte überarbeiten: Umstellprobe, Ersatzprobe, Weglassprobe, Erweiterungsprobe**

- **Umstellprobe:** Satzglieder werden umgestellt; Ziel: Satzanfänge abwechslungsreicher gestalten.
  Beispiel: *Wir wollen morgen in die Zukunft reisen. Wir sind sehr gespannt auf diese Reise.*
  → *Wir wollen morgen in die Zukunft reisen. Auf diese Reise sind wir sehr gespannt.*
- **Ersatzprobe:** Wörter und Wortgruppen werden ersetzt; Ziel: Wortwiederholungen vermeiden.
  Beispiel: *Ich liebe Zeitreisen. ~~Zeitreisen~~ Sie sind sehr interessant.*
- **Weglassprobe:** Überflüssiges wird gestrichen; Ziel: Texte straffen, Wiederholungen vermeiden.
  Beispiel: *Wenn es Zeitmaschinen gibt, werde ich mich sehr ~~über die Zeitmaschinen~~ freuen.*
- **Erweiterungsprobe:** Hilfreiches wird ergänzt; Ziel: genau und anschaulich schreiben.
  Beispiel: *Ich habe ✓ eine Zeitmaschine gesehen. Ich habe in unserer Garage eine Zeitmaschine gesehen.*

1 **Überarbeite den folgenden Text mit Hilfe der Umstellprobe, sodass die Satzanfänge abwechslungsreicher werden. Schreibe in dein Heft.**

Louisa und Paul wollen nun etwas Neues wagen. Sie möchten nach ihren spannenden Ausflügen in die Vergangenheit eine Reise in die Zukunft antreten. Louisa und Paul müssen hierzu den Antrieb der Zeitmaschine auf Warpgeschwindigkeit erhöhen. Sie treffen sich nachts in der Garage und basteln gemeinsam an dem neuen Programm für den Bordcomputer. Louisa und Paul empfangen um 05:45 Uhr das Signal „Warpfaktor 1“.

2 **Überarbeite den folgenden Text. Korrigiere alles, was sich wiederholt oder umständlich klingt. Umrahme zuerst im Text alle Wiederholungen. Entscheide dann:**
- **Weglassprobe: Willst du ein Wort oder eine Textpassage weglassen, streichst du sie einfach durch.**
- **Ersatzprobe: Willst du die Wiederholung durch ein anderes Wort ersetzen, streichst du das Wort durch und ersetzt es am Rand durch ein anderes (z. B. ein Pronomen).**

Langsam kommt die Maschine zum Stehen. Die beiden steigen aus ~~der Maschine aus~~. Wo sind ~~die beiden~~ gelandet? Hier scheint es überhaupt keine Menschen zu geben. Stattdessen prägen Roboter das Bild. Emsig stiefeln Roboter durch die Straßen und das Knacken und Piepen der Roboter ersetzt das Geräusch menschlicher Gespräche. Aber es muss doch irgendwo auch jemanden geben, der diese Roboter programmiert? Nach langem Suchen entdecken Louisa und Paul ein großes, rundes Gebäude voller Menschen. In dem runden Gebäude sieht es aus wie im Schlaraffenland. Und selbstverständlich arbeiten auch hier nur die Roboter. In Windeseile liefern die Roboter kleine Leckerbissen, die Roboter servieren Getränke und die Roboter schaukeln Hängematten, in denen die Menschen wie Faultiere herumliegen. Vergeblich suchen Louisa und Paul einen Ort zum Lernen. Plötzlich entdecken sie etwas Interessantes: eine Schule für Roboter. Roboter scheinen hier auch noch das Lernen zu übernehmen. Wirklich ein wahres Paradies!

sie

Satzglieder

1 **Kreuze die zutreffenden Aussagen an. Manchmal sind mehrere Möglichkeiten richtig. (5 Punkte)** ☐

A Das Subjekt gibt an,	☐ wie etwas ist.	☐ wer oder was etwas tut.	☐ warum etwas geschieht.
B Nach dem Akkusativobjekt fragt man mit:	☐ Wer oder was ...?	☐ Wo oder wohin ...?	☐ Wen oder was ...?
C Es gibt adverbiale Bestimmungen	☐ aus einem Wort.	☐ aus zwei Wörtern.	☐ aus drei Wörtern.

2 **Mit welchen Fragen kannst du die <u>unterstrichenen Satzglieder</u> erfragen? Notiere das Fragewort. Schreibe dann auf, um welches Satzglied es sich handelt. (10 Punkte)** ☐

<u>Nach ihrer Zeitreise in die Zukunft</u> wollen Louisa und Paul wieder in die Gegenwart zurückkehren.

Fragewort: ____________ Satzglied: ________________________

Sie schalten <u>den Bordcomputer</u> auf „Gegenwart".

Fragewort: ____________ Satzglied: ________________________

<u>Mit großem Getöse</u> startet die Maschine.

Fragewort: ____________ Satzglied: ________________________

<u>Die beiden</u> schauen sich erschrocken an.

Fragewort: ____________ Satzglied: ________________________

<u>Diese Geräusche</u> haben sie noch nie gehört.

Fragewort: ____________ Satzglied: ________________________

3 **Markiere die vorgegebenen Satzglieder in den Beispielsätzen. (6 Punkte)** ☐

Subjekt	Schlagartig kommt die Maschine zum Stillstand.
Prädikat	Durch die Fenster sehen Louisa und Paul einen Dinosaurier.
Adverbiale Best. der Art und Weise	Verzweifelt aktivieren sie die Warpgeschwindigkeit.
Adverbiale Best. der Zeit	Nach quälenden Sekunden reisen sie weiter in Richtung Gegenwart.
Akkusativobjekt	Kaum angekommen betätigen sie den Schleudersitz.
Adverbiale Best. des Ortes	Mit einem ohrenbetäubenden Knall explodiert unter ihnen das Gefährt.

Prüfe deine Lösungen mit Hilfe des Lösungsheftes. Für jede richtige Antwort bekommst du einen Punkt.

☺ 21–15 Punkte	😐 14–8 Punkte	☹ 7–0 Punkte
Gut gemacht!	Gar nicht schlecht, aber lies dir die Merkkästen auf den Seiten 50–61 noch einmal genau durch.	Arbeite die Seiten 50–61 noch einmal genau durch.

Satzarten unterscheiden

Die Satzreihe – Hauptsätze verknüpfen

Information **Die Satzreihe: Hauptsatz + Hauptsatz**

- Eine Satzreihe besteht aus **zwei oder mehr Hauptsätzen.** Die einzelnen Hauptsätze einer Satzreihe werden durch ein **Komma** voneinander getrennt, z. B.:
  Der Schriftsteller Ferdinand Lutz erzählt Geschichten, er schreibt über Außerirdische.
  In einem einzelnen Hauptsatz steht die **Personalform des Verbs** (das gebeugte Verb) an **zweiter Satzgliedstelle.**
- Häufig werden die Hauptsätze durch die nebenordnenden Konjunktionen (Bindewörter) *und, oder, aber, sondern, denn, doch* verbunden, z. B.:
  Ich habe dieses Buch gerne gelesen, denn die Geschichte ist lustig.
  Achtung: Nur vor den Konjunktionen *und* bzw. *oder* darf das Komma wegfallen.

1 **a** **Verknüpfe jeweils zwei Hauptsätze zu einer Satzreihe. Verwende dazu passende Konjunktionen aus dem Wortspeicher. Achte auf die Kommasetzung. Schreibe ins Heft.**

und • sondern • oder • denn • aber • doch

Buchempfehlung

Ferdinand Lutz: Q-R-T – Der neue Nachbar

Der Außerirdische Q-R-T sieht wie ein normaler Junge aus.
Er ist schon 122 Jahre alt.

Von einem fernen Planeten kommt Q-R-T auf die Erde.
Er möchte die Menschen und ihr seltsames Verhalten erforschen.

Mit seinem Haustier Flummi zieht er in eine große Wohnsiedlung.
Dort leben genügend „Studienobjekte“.

Flummi ist nicht nur tollpatschig.
Er kann auch jede beliebige Gestalt annehmen.

Flummi begleitet Q-R-T bei seinen Abenteuern.
Er rettet den Alienjungen immer wieder aus brenzligen Situationen.

Argwöhnisch beobachten die Nachbarn Q-R-T.
Zum Glück halten die Erdlinge ihn nur für ein sehr merkwürdiges Kind.

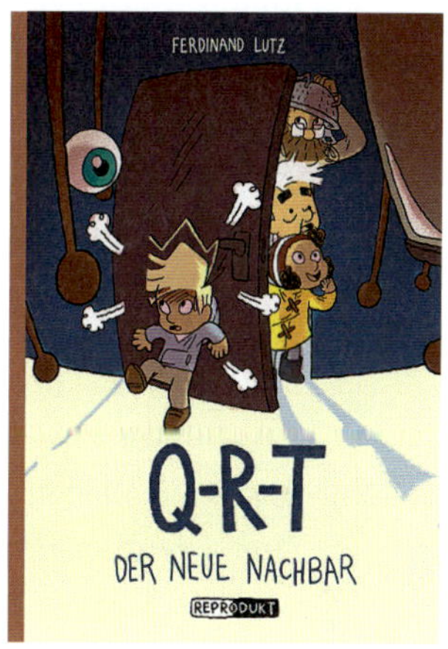

b **Trenne die Hauptsätze deiner Satzreihen durch senkrechte Striche ab und umkreise die nebenordnenden Konjunktionen, z. B.:**

Der Außerirdische Q-R-T sieht wie ein normaler Junge aus, | (aber) er ist schon 122 Jahre alt.

⊕ **2** **Aus wie vielen Hauptsätzen besteht die folgende Satzreihe? Notiere das Ergebnis unten:**

Ich lese gern Geschichten über Außerirdische, denn in diesen Geschichten gibt es Aliens oder ein UFO landet auf der Erde und Außerirdische erforschen uns Menschen, aber Fantasygeschichten finde ich auch richtig spannend.

Die Satzreihe besteht aus ______ Hauptsätzen.

Das Satzgefüge – Hauptsatz und Nebensatz verknüpfen

Information **Das Satzgefüge: Hauptsatz + Nebensatz**

Ein **Satzgefüge** besteht aus einem **Hauptsatz** und mindestens einem weiteren **Nebensatz.** **Zwischen dem Hauptsatz und** dem **Nebensatz** muss **immer ein Komma** stehen, z. B.:

Satzgefüge: **Hauptsatz** + **Nebensatz**

Ich lese das Buch, weil ich mich für Außerirdische interessiere.

Personalform des Verbs an zweiter Satzgliedstelle – Komma – Konjunktion – Personalform des Verbs am Satzende

- Ein Nebensatz kann nicht ohne einen Hauptsatz stehen. Er ist dem Hauptsatz untergeordnet und wird oft durch eine **Subjunktion** (**unterordnende Konjunktion,** Bindewort) **eingeleitet,** z. B. *weil, da, obwohl, damit, wenn, dass, sodass, nachdem, während, bevor.*
- Die **Personalform des Verbs** (das gebeugte Verb) steht im Nebensatz **am Satzende.**

1 Im folgenden Text findest du viele Satzgefüge. Kennzeichne die Nebensätze in den Satzgefügen. Gehe so vor:

a Umkreise die Subjunktionen (unterordnenden Konjunktionen), die die Nebensätze einleiten, und die Personalform des Verbs (das gebeugte Verb) am Ende des Nebensatzes.

b Unterstreiche die Nebensätze.

Buchempfehlung

Hubert Schirneck: Matratzen zum Frühstück oder Die erste intergalaktische Fußballweltmeisterschaft

Wir befinden uns im Jahr 2811. Zum ersten Mal treffen sich die Fußballteams verschiedener Planeten, weil auf der Erde eine galaktische Weltmeisterschaft stattfindet. Und dabei entstehen natürlich gewisse Probleme, da zum Beispiel die fünfbeinigen Kicker vom Planeten Klardemox unschlagbar sind. Ich habe bei diesem Buch immer wieder laut gelacht, obwohl ich gar kein richtiger Fußballfan bin. Nachdem ich die ersten Seiten gelesen hatte, konnte ich das Buch nicht mehr aus der Hand legen. Wenn ihr Fußball- oder Alienfans seid, empfehle ich euch dieses Buch.

2 Untersuche die folgenden Satzgefüge: Steht der Nebensatz vor oder nach dem Hauptsatz? Notiere den richtigen Buchstaben: v = Nebensatz vor dem Hauptsatz; n = Nebensatz nach dem Hauptsatz. TIPP: So kannst du den Nebensatz bestimmen: Markiere die Subjunktion, die den Nebensatz einleitet, und die Personalform des Verbs, die im Nebensatz am Ende steht.

Die Geschichte von der ersten intergalaktischen Fußballweltmeisterschaft beginnt im Jahr 2811, als das Raumschiff „Argus“ auf dem Planeten Klardemox landet. .... ☐

Obwohl die Fortschritte in der Raumfahrttechnik sogar Kurzurlaube am anderen Ende der Milchstraße ermöglichen, ist der Planet Klardemox den Erdlingen bisher noch unbekannt. .... ☐

Die Klardemoxianer wundern sich über das Aussehen der Erdbewohnerinnen und Erdbewohner, da sie selbst fünf Beine und drei Arme haben. .... ☐

Und natürlich sind die Klardemoxianer die Besten im Fußballspielen, nachdem sie 3000 Jahre lang mit fünf Beinen und drei Armen trainiert haben. .... ☐

3 **Verknüpfe die folgenden Sätze zu Satzgefügen. Verwende dazu die angegebenen Subjunktionen. Achte auf die Kommasetzung zwischen Hauptsatz und Nebensatz. Tipp: Wenn der Nebensatz hinter dem Hauptsatz steht, steht das Komma immer vor der Subjunktion.**

Die Erdlinge stellen den Klardemoxianern viele Fragen.
Sie wollen etwas über die Lebensweise dieser fünfbeinigen Außerirdischen erfahren.

weil

Die Außerirdischen schwärmen von ihrem Fußballteam und ihren Abseitsregeln. Ihre Augen leuchten beim Interview.

während

Die Klardemoxianer besiegen bei den Fußballspielen natürlich alle anderen Teams.
Sie haben zum Kicken fünf Beine.

da

4 **Bei den folgenden Sätzen sind die Subjunktionen falsch verwendet worden. Streiche die falsche Subjunktion durch und schreibe eine passende Subjunktion darüber. Tipp: Überlege, wie du die drei Subjunktionen sinnvoll vertauschen kannst.**

Vorsicht Fehler!

Obwohl plötzlich alle Lust zum Fußballspielen haben, machen sie sich auf Weg zum Fußballstadion. Als Fußballfeld müssen die Klardemoxianer einen steinigen Meteoritenkrater nutzen, **nachdem** die Außerirdischen gern einen weichen Fußballrasen hätten. **Weil** die Erdlinge die Fußballgewohnheiten auf dem Planeten Klardemox kennengelernt haben, reisen sie mit ihrem Raumschiff weiter zu anderen Fußballplaneten.

5 **Zeichne unter die Sätze B und C jeweils einen Satzbauplan. Orientiere dich an dem Muster von Satz A.**

A Die Menschen tragen die Trikots der Klardemoxianer, obwohl diese Sporthemden eine überflüssige Öffnung für den dritten Arm haben.

——— Hs ———,
——— Ns ———.

B Obwohl sich die Menschen sehr anstrengen, verlieren sie das Spiel gegen die fünfbeinigen Gegner 85:0.

C Nach dieser Niederlage laden die Menschen die galaktischen Gewinner zu einer Revanche auf die Erde ein, sodass die erste intergalaktische Fußballweltmeisterschaft stattfindet.

Satzreihe und Satzgefüge

1 **a** Satzreihe oder Satzgefüge? Kreuze für jeden Satz (A, B, C) das Richtige an. (6 Punkte)
b In zwei Sätzen findest du Konjunktionen (Bindewörter). Markiere sie. (2 Punkte)

	Satzreihe	Satzgefüge
A Nach Definition des Internationalen Luftsportverbandes beginnt der Weltraum in einer Höhe von 100 km über der Erdoberfläche, die Raumstation ISS umkreist die Erde in 400 km Höhe.	☐	☐
B Auf der Erde gibt es Sauerstoff, Wasser und relativ angenehme Temperaturen, aber im sauerstofflosen Weltraum ist es mit minus 270 Grad unglaublich kalt	☐	☐
C Der Mensch kann also nur im Weltraum leben, wenn er sich mit Hilfe komplizierter Technik eine Umgebung wie auf der Erde schafft.	☐	☐

2 Welcher Satzbauplan passt zu dem folgenden Satz ? Kreuze an. (2 Punkte)

Obwohl viele Sterne, Monde und Planeten von der Erde unvorstellbar weit entfernt sind, kannst du sie in klaren Nächten mit dem Fernrohr beobachten.

☐ ________ Hs ________ , ________ Ns ________ .

☐ ________ Ns ________ , ________ Hs ________ .

3 Bei den folgenden Sätzen sind die Subjunktionen falsch. Streiche die falschen Subjunktion durch und schreibe die passende Subjunktion darüber. (2 Punkte)

Der Astronaut Alexander Gerst landete im November 2014 wieder auf der Erde, da er fast 166 Tage im All verbracht hatte.

Im Jahr 2018 startete er zur nächsten Weltraummission, obwohl ihm das Leben und Forschen im Weltraum gut gefallen hatte.

Prüfe deine Lösungen mit Hilfe des Lösungsheftes. Für jede richtige Antwort bekommst du einen Punkt.

☺ 12–9 Punkte	😐 8–6 Punkte	☹ 5–0 Punkte
Gut gemacht!	Gar nicht schlecht, aber lies dir die Merkkästen auf den Seiten 63–65 noch einmal genau durch.	Arbeite die Seiten 63–65 noch einmal genau durch.

Rechtschreibung

Was kannst du schon?

1 Sprich die Wörter in Silben. Markiere die Silben durch Silbenbögen und trage einen Strich an den Silbengrenzen ein. (8 Punkte)

Re|gen|ton|ne   Vogelnest   Laubhaufen   Bienenstock   Hundehütte

2 Mit welchem Buchstaben enden die Nomen? Verlängere die Nomen, indem du sie in den Plural setzt. Ergänze dann auch den fehlenden Buchstaben im Singular. (10 Punkte)

Bank *(g/k?)*	Bänke	Kal___ *(b/p?)*	___
Bro___ *(d/t?)*	___	Mon___ *(d/t?)*	___
Sie___ *(b/p?)*	___	Hu___ *(d/t?)*	___

3 Verbinde die Wörter in der unteren Reihe mit einem verwandten Wort in der oberen Reihe. Achtung: Ein Wort oben bleibt übrig. Ergänze dann in der oberen Reihe bei allen Wörtern die fehlenden Laute: *ä, äu* oder *eu*. (8 Punkte)

träumen ___rmel F___er n___hen w___hlen F___hre W___sche sch___dlich Geb___de

waschen Arm Traum fahren Naht bauen Wahl schaden

4 Ordne die Namen nach dem Alphabet. Nummeriere sie in der richtigen Reihenfolge. (10 Punkte)

☐ Narek ☐ Clara ☐ Özge ☐ Carsten ☐ Uwe ☐ Johannes

☐ Lena 1 Ahmed ☐ Jochen ☐ Karine ☐ Lea

5 Muss der Konsonant verdoppelt werden? Trage die Wörter richtig in die Tabelle ein. (10 Punkte)

Don?er • Gewit?er • Neb?el • Reg?en • trom?eln • son?ig • Wag?en • Som?er • einf?ach • Wel?e • fal?en

Wörter mit Doppelkonsonanten	Wörter mit einfachem Konsonanten
Donner,	

6 Ergänze den richtigen *s*-Laut: *s, ss* oder *ß*. (8 Punkte)

Der Verkäufer nahm Ma___ mit einem Me___gerät. Jetzt wei___ ich: Meine Fü___e sind so viel grö___er geworden, dass e___ kein Wunder i___t, dass meine Schuhe nicht mehr pa___en.

7 **Ergänze *i, ie* oder *ih*. (11 Punkte)**

Ob ____gel oder F____sch, Z____ge oder T____ger, Sch____mpanse oder G____raffe: V____le

Menschen l____ben T____re und wünschen s____ch, dass es ____nen gut geht.

8 **Trenne die Wörter durch einen Strich voneinander ab. Ergänze ein *h*, wo es notwendig ist. (10 Punkte)**

Kü____emu____enScha____feblö____kenHä____nekrä____enPfe____rdewie____ernE____selschrei____en

9 **In diesem Text müssen 14 Wörter großgeschrieben werden. Unterstreiche sie. (14 Punkte)**

Der herbst ist im anmarsch. Die blätter an den bäumen werden gelb. Ein kleiner igel rollt sich im garten ein. Die leute machen die heizung an und durch manche fenster sieht man feuer in einem kaminofen flackern. Trotz dunkelheit und kälte kann es in dieser jahreszeit sehr gemütlich sein.

10 **Setze die fehlenden Kommas. (2 Punkte)**

Viele Kinder mögen den Winter und den Schnee. Sie können dann endlich Schneemänner und Iglus bauen Schneeballschlachten machen Schlitten fahren oder sogar auf ihren Skiern die Berge heruntersausen.

11 **Setze die fehlenden Anführungszeichen bei der wörtlichen Rede ein. (10 Punkte)**

Traust du dich, mit der Achterbahn zu fahren?, fragt Jana auf dem Rummelplatz. Klar, sagt Max, wieso denn nicht? Dann komm, ruft Jana laut, wir nehmen die große Achterbahn mit den drei Loopings.

12 **a** **Prüfe deine Lösungen mit Hilfe des Lösungsheftes.**
b **Trage ein, wie du die Aufgaben bewältigt hast:**
✓ = das meiste richtig; ? = noch etwas unsicher.

Aufgabe	1 ☐	2 ☐	3 ☐	4 ☐	5 ☐	6 ☐
Weitere Übungen	Seite 69	Seite 70–71	Seite 72	Seite 73	Seite 77–78	Seite 79–82
Aufgabe	7 ☐	8 ☐	9 ☐	10 ☐	11 ☐	
Weitere Übungen	Seite 84–85	Seite 86–87	Seite 92–94	Seite 95	Seite 96	

Strategien zum Rechtschreiben

Schwingen – Wörter in Silben sprechen

Methode Wörter schwingen

Schwingen bedeutet, die Wörter deutlich **in Silben zu sprechen.** Das hilft dir dabei, die Wörter richtig zu schreiben.

- **Vor dem Schreiben** sprichst du die Wörter deutlich in Silben. Zeichne dabei Silbenbögen in die Luft.
- **Beim Schreiben** sprichst du die Silben leise mit. Sprich nicht schneller, als du schreibst.
- **Nach dem Schreiben** prüfst du, ob du richtig geschrieben hast. Zeichne dazu **Silbenbögen** unter jede Silbe und sprich dabei leise mit, z. B.: *Me lo nen eis.*

1 Schreibe die langen Wörter ab. Nutze dabei die Methode „Wörter schwingen".

a Sprich die Wörter deutlich in Silben. Ziehe dabei mit deiner Schreibhand einen Bogen durch die Luft.

b Schreibe die Wörter auf und sprich die Silben leise mit.

c Prüfe, ob du die Wörter richtig geschrieben hast. Zeichne dazu die Silbenbögen unter jede Silbe und sprich noch einmal leise mit. Korrigiere deine Fehler. Hake den Smiley ab, wenn alles richtig ist.

Müslischälchen ______________________ ☺

Buchenholz ______________________ ☺

Lieblingsbecher ______________________ ☺

Schokoladennikolaus ______________________ ☺

2 In dem Wortgitter verstecken sich 10 Wörter, die du schwingen kannst. Sprich sie in Silben, unterstreiche sie und umrahme die einzelnen Silben oder male, wie im Beispiel, jede Silbe in einer anderen Farbe aus.

S	U	P	E	R	M	A	R	K	T	U	M	P	F	E	L	S	P	F	T
B	R	Ö	T	C	H	E	N	U	R	G	M	E	T	Z	G	E	R	E	I
W	F	I	S	C	H	G	E	S	C	H	Ä	F	T	K	J	N	C	E	D
N	A	S	C	H	W	A	R	E	N	A	B	T	E	I	L	U	N	G	L
Z	T	R	E	U	G	H	W	Ü	R	S	T	C	H	E	N	B	U	D	E
C	V	G	E	M	Ü	S	E	L	A	D	E	N	J	K	I	O	S	K	Q
B	R	E	Z	E	L	V	E	R	K	Ä	U	F	E	R	R	T	Z	P	B
U	E	I	S	S	A	L	O	N	D	K	O	N	D	I	T	O	R	E	I

3 **a** Prüfe, ob die folgenden Wörter richtig in Silben gegliedert sind. Sprich die Wörter dazu deutlich in Silben und vergleiche deine Gliederung mit dem geschriebenen Wort. Umkreise Fehlerstellen.

b Schreibe die Wörter mit der richtigen Silbengliederung auf und zeichne die Silbenbögen.

Streus el kuch en ______________________

Ban an en mi lch ______________________

Marg ar i ne ______________________

Verlängern am Wortende

Methode **Wörter verlängern**

Am **Wortende** kann man die Buchstaben ***b/p, d/t* oder *g/k*** leicht verwechseln. Wenn du die Wörter **verlängerst,** kannst du aber beim Schwingen hören, wie sie geschrieben werden. Du kannst die Wörter zum Beispiel verlängern, indem du
Nomen in den Plural setzt, z. B.: *das Kalb → die Käl ber,*
Adjektive steigerst, z. B.: *wild → wil der,*
zu Verben den Infinitiv bildest, z. B.: *sie singt → sin gen.*

1 Nutze die jeweils geeignete „Verlängerungsmaschine", um festzustellen, wie die Wörter auf der linken Seite richtig geschrieben werden. Notiere zuerst das verlängerte Wort in der rechten Spalte. Ergänze dann links den fehlenden Buchstaben: *b* oder *p, d* oder *t, g* oder *k*.

das Hemd	die Hem-den
klu___	
das Gel___	
bun___	
das Ban___	
windi___	
frem___	
der Flu___	

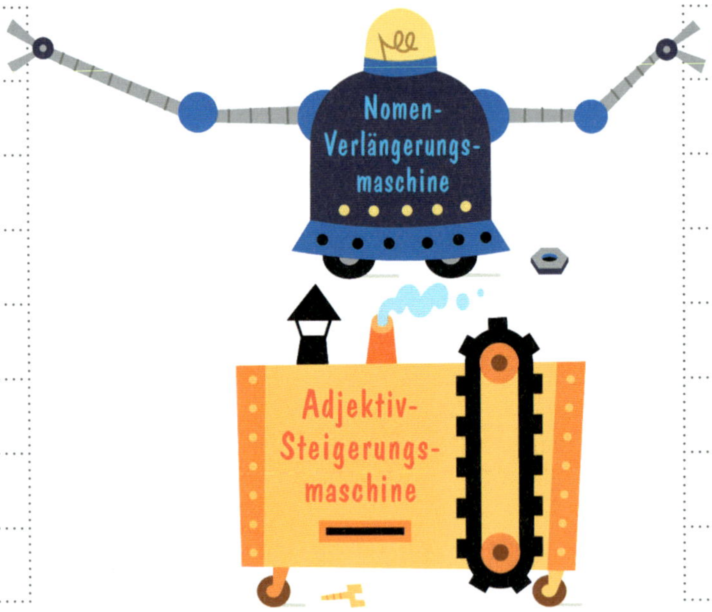

2 **a** Ergänze die fehlenden Verbformen. Gehe so vor wie im folgenden Beispiel.
b Umkreise Stellen, an denen man leicht Fehler machen kann.
Setze ein Ausrufezeichen über die Wörter, bei denen man die richtige Schreibung erkennen kann.

fliegen	sie fliegt	er flog	wir flogen
tragen	___	___	___
___	___	er hob	___
___	___	___	wir hielten

⊕ **3** Führe bei den Lückenwörtern eine geeignete Verlängerungsprobe durch und ergänze *b/d/g* oder *p/t/k*.

Gestern war der Mon___ noch run___ und schien kräfti___. Heute Aben___ haben sich Nebel über ihn gele___t.

Zerlegen und verlängern

Methode Wörter zerlegen und verlängern

In **zusammengesetzten Wörtern** können sich **Verlängerungsstellen** verstecken. Du kannst **schwierige Stellen klären,** indem du die Wörter zuerst **zerlegst und dann verlängerst,** z. B.: *Hand/buch → die Hän de.* Auch wenn du **Wortbausteine abtrennst,** findest du Verlängerungsstellen, z. B.: *freund/lich → die Freun de.*

1 Zerlege und verlängere die folgenden Wörter. Notiere deinen Lösungsweg wie im Beispiel.

Wel(d/t)kugel: Wel?/kugel → Wel ten → Weltkugel

en(d/t)los: ______

Erle(b/p)nis: ______

2 Folge Layla und Jan durch das Labyrinth bis zu ihrem Lieblingstier. Entscheide jeweils, welchen Buchstaben du einsetzen musst. Markiere den richtigen Buchstaben und gehe dann ein Feld in Pfeilrichtung weiter.

Trin ? flasche g/k	Win ? böe d/t	Lie ? ling b/p	Rekor ? versuch d/t
Mon ? kalender d/t	Hal ? zeit b/p	Lan ? karte d/t	Win ? hund d/t
Gesun ? heit d/t	Hu ? konzert b/p	San ? kasten d/t	vorsor ? lich g/k
Spu ? schloss g/k	Den ? zettel g/k	hal ? los d/t	Zel ? lager d/t

3 In dem folgenden Wort gibt es zwei Verlängerungsstellen. Schreibe das Wort richtig auf.

Ber(g/k)wan(d/t): ______

Ableiten – Wörter mit *ä* und *äu*

Methode **Ableiten – Wörter mit *e* oder *ä*, *eu* oder *äu***

Wenn du unsicher bist, ob du ein Wort mit *e* oder *ä*, *eu* oder *äu* schreiben musst, hilft dir die **Ableitungsprobe.**

- **Normalerweise** schreibst du ***e*** oder ***eu,*** z. B.: *die Ente, heute.*
- Gibt es aber einen **Wortverwandten** mit ***a*** oder ***au,*** dann musst du ***ä*** oder ***äu*** schreiben, z. B.: *die Kälte – kalt, schäumen – Schaum.*
- **Einige Wörter** musst du dir auch **merken.** Sie werden ***ä*** oder ***äu*** geschrieben, obwohl sich kein Wortverwandter mit *a* oder *äu* finden lässt, z. B.: *der Käfig, das Mädchen.*

1 Schreibe die Wörter richtig auf. Musst du *e* oder *ä*, *eu* oder *äu* einsetzen?
Notiere hinter den Wörtern mit *ä* oder *äu* das verwandte Wort.

k **?** mpfen • das G **?** schenk • tr **?** men • die Kr **?** fte • j **?** hrlich • l **?** nken • die Bl **?** tter • die Fr **?** de • der H **?** ndler • das F **?** er • w **?** hlen • die G **?** nse

kämpfen (Kampf), ______________________________

____

____

____

2 Fülle die Lücken im Text. Entscheide, ob du *e* oder *ä*, *eu* oder *äu* einsetzen musst.

Glühwürmchen – Käfer, die nicht glühen

In warmen Sommern____chten kann man in W____ldern und G____rten unz____hlige Glühwürmchen beobachten, die l____chtend durch die Luft fliegen. Der Name ist allerdings irreführend. Glühwürmchen sind nämlich gar keine Würmer, sondern Käfer. Sie glühen auch nicht, denn sie w____rden nicht heiß, sondern l____chten nur. Dafür besitzen sie ein eigenes Organ, das dieses Licht erz____gt. H____fig l____chten nur die Weibchen. Sie möchten damit während der Ab____ndstunden die M____nnchen auf sich aufm____rksam machen.

⊕ **3** In dem gesamten Glühwürmchen-Text verstecken sich drei Merkwörter.
Sie werden mit *ä* geschrieben, obwohl es kein verwandtes Wort mit *a* gibt. Schreibe sie heraus.

____

Im Wörterbuch nachschlagen

Methode Im Wörterbuch nachschlagen

- Im **Wörterbuch** sind die Wörter **nach dem Alphabet** sortiert. Wörter mit demselben Anfangsbuchstaben werden nach dem zweiten Buchstaben geordnet. Sind die ersten beiden Buchstaben gleich, wird nach dem dritten geordnet usw., z. B.: *das Blatt, die Blume, die Blüte.*
  Die Buchstaben ***ä, ö, ü*** und ***äu*** sind so sortiert, als hätten sie keine Umlaut-Pünktchen.
- Im Wörterbuch sind die Wörter in ihrer **Grundform** verzeichnet:
  – **Verbformen** findest du im **Infinitiv,** z. B.: *sehen* statt *sieht,*
  – **Nomen** findest du im **Nominativ Singular,** z. B.: *Hand* statt *Hände,*
  – **Zusammengesetzte Wörter** musst du zerlegen und getrennt nachschlagen, z. B.: *Kaugummipapier* → *Kaugummi* und *Papier.*

1 **a Wie heißt der nächste Buchstabe im Alphabet? Ergänze ihn.**

C ___ X ___ F ___ T ___ U ___ Q ___ J ___

b Wie heißt der vorausgehende Buchstabe im Alphabet? Ergänze ihn.

___ V ___ H ___ B ___ X ___ L ___ P ___ F

2 **Bringe die folgenden Leckereien in die richtige alphabetische Reihenfolge.**

Erdbeereis • Erdbeere • Erdbeerkuchen • Erdbeertorte • Erdbeerjoghurt • Erdbeerquark

____

____

3 **a Markiere in dem Auszug aus dem Wörterbuch den Artikel und die Pluralformen von „Pizza“.**
b Schreibe alle drei möglichen Pluralformen von Pizza auf.

____

____

Piz|za, die: -, Plur. -s, auch Pizzen oder Pizze <ital.> (mit Tomaten, Käse u. a. belegtes Hefegebäck)

⊕ **4** **Beantworte mit Hilfe des Wörterbuchs die folgenden Fragen:**
a Welche Artikel hat Joghurt?

____

b Welche Pluralformen hat Zwieback?

____

Strategien zum Rechtschreiben

1 Kreuze an: Welche Strategie hilft dir dabei, an den unterstrichenen und *kursiv* gedruckten Stellen die richtige Schreibung herauszufinden? (6 Punkte) ☐

	Flu*g*hunde	kle*b*t	Si*lb*ens*al*at	Frem*d*wort	M*äu*se	kal*t*
Schwingen	☐	☐	☐	☐	☐	☐
Verlängern	☐	☐	☐	☐	☐	☐
Zerlegen + Verlängern	☐	☐	☐	☐	☐	☐
Ableiten	☐	☐	☐	☐	☐	☐

2 Notiere die folgenden Wörter richtig in Silben. Zeichne die Silbenbögen ein. (4 Punkte) ☐

Personenzugabteil ______________________

Fertigbausätze ______________________

Planetenumlaufbahn ______________________

Grünpflanzenkübel ______________________

3 **a** Fülle bei den folgenden Wörtern die Lücken richtig aus. (5 Punkte) ☐
b Kreuze an, welche Probe dir dabei geholfen hat. (5 Punkte) ☐

	Zerlegen + Verlängern	Ableiten
Lie___(d/t)text	☐	☐
Ra___(d/t)haus	☐	☐
N___(eu/äu)igkeit	☐	☐
Flu___(g/k)zeug	☐	☐
aufr___(eu/äu)men	☐	☐

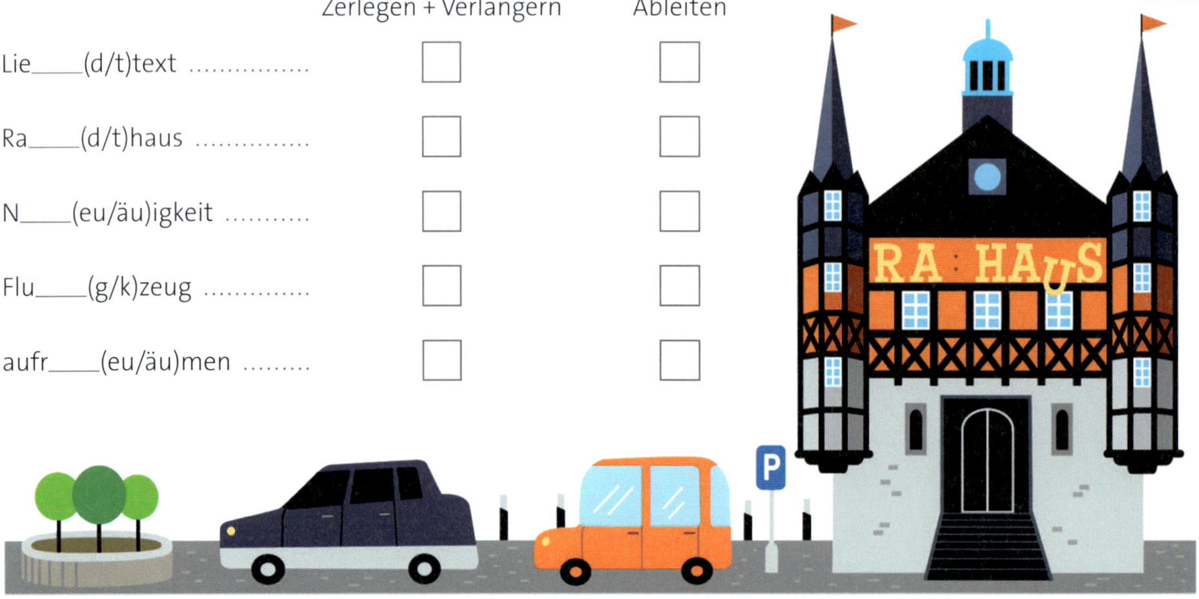

Vergleiche deine Ergebnisse mit dem Lösungsheft. Für jede richtige Antwort bekommst du einen Punkt.

☺ 20–16 Punkte	😐 15–12 Punkte	☹ 11–0 Punkte
Gut gemacht!	Gar nicht schlecht, aber lies dir die Merkkästen auf den Seiten 69–73 noch einmal genau durch.	Arbeite die Seiten 69–73 noch einmal genau durch.

Regeln zum Rechtschreiben

Offene und geschlossene Silben

Information **Offene und geschlossene Silben**

Endet die **erste Silbe** eines zwei- oder mehrsilbigen Wortes
- mit einem **Vokal:** *a, e, i, o, u,*
- mit einem **Umlaut:** *ä, ö, ü,*
- mit einem **Doppellaut (Diphthong):** *au, äu, ei, eu,*

nennt man sie **offen,** z. B.: *ha ben, Hei zung, Do se, Hö he.*
Endet die **erste Silbe** mit einem **Konsonanten,** nennt man sie **geschlossen,** z. B.: *Hilf e, han deln.*

1 **Schreibe die Wörter mit offener erster Silbe auf die richtigen Zeilen und ziehe Silbenbögen.**

Vögel • Taube • rufen • Meise • Papagei • Rabe • Pelikan • Kranich • pfeifen • schreien • Eule • flöten • Habicht • Fasan • Möwe • kreischen

Die erste Silbe des Wortes endet mit einem Vokal:

____

Die erste Silbe des Wortes endet mit einem Umlaut:

____

Die erste Silbe des Wortes endet mit einem Doppellaut:

____

2 **a** **Untersuche die erste Silbe der Wörter. Kreuze an, wie die Silbe endet.**
b **Notiere in der letzten Spalte, ob es sich um eine offene oder geschlossene erste Silbe handelt.**

	Die erste Silbe endet mit einem ...				Die erste Silbe ist ...
	Vokal	Umlaut	Doppellaut	Konsonanten	
Som mer	☐	☐	☐	☒	geschlossen
herr lich	☐	☐	☐	☐	______
Wei de	☐	☐	☐	☐	______
san dig	☐	☐	☐	☐	______
Fe ri en	☐	☐	☐	☐	______
mü de	☐	☐	☐	☐	______
Grä ser	☐	☐	☐	☐	______

3 **a** Sprich die Wörter leise und zeichne die Silbenbögen darunter.
b Unterstreiche offene Silben und umkreise geschlossene Silben.

wol kig • Regen • frieren • Sonne • Hagel • schwitzen • schattig

c Wie wird der Vokal in den offenen Silben immer gesprochen: lang oder kurz? Ergänze die Regel.

In offenen Silben spricht man den Vokal immer ______.

4 **a** Finde wie im Beispiel die passenden Wörter zu den übrigen 3 Bildern. TIPP: Es handelt sich immer um zweisilbige Nomen im Plural. Schreibe die Nomen in Silben auf die obere Schreibzeile und zeichne Silbenbögen.
b Untersuche die erste Silbe. Prüfe, ob der Vokal, der Umlaut oder der Doppellaut kurz oder lang gesprochen wird. Ergänze dann die fehlenden Wörter in der Beschreibung.
TIPP: Die Information oben auf Seite 75 kann dir helfen.

die Ber ge ______

Die erste Silbe endet mit einem ______.

Der ______ in der ersten Silbe wird ______ gesprochen.

Es handelt sich um eine ______ Silbe.

die ______

Die erste Silbe endet mit einem ______.

Der ______ in der ersten Silbe wird ______ gesprochen.

Es handelt sich um eine ______ Silbe.

______

Die erste Silbe endet mit einem ______.

Der ______ in der ersten Silbe wird ______ gesprochen.

Es handelt sich um eine ______ Silbe.

______

Die erste Silbe endet mit einem ______.

Der ______ in der ersten Silbe wird ______ gesprochen.

Es handelt sich um eine ______ Silbe.

Doppelkonsonanten

Information Schreibung mit Doppelkonsonanten

Doppelkonsonanten schreibst du **nur, wenn die erste Silbe geschlossen** ist (▶ S. 75), z. B.: *Mut ter, Wel le.*

- Stehen an der **Silbengrenze zwei verschiedene Konsonanten, verdoppelst** du **nicht,** z. B.: *Kar te.*
- **Hörst** du **bei geschlossener Silbe nur einen Konsonanten,** wird dieser **doppelt** geschrieben, z. B.: *ren nen, der Him mel.*

Um diese Regeln anzuwenden, musst du **Einsilber verlängern,** z. B.: *Heft → Hef te, Tipp → tip pen.*
Beachte: Statt ***kk*** schreibt man ***ck,*** statt ***zz*** schreibt man ***tz,*** z. B.: *Müc ke, Fet zen.*

1 **Bilde aus den geschlossenen ersten Silben und einer passenden Endung Wörter mit Doppelkonsonanten. Schreibe die Wörter in Silben in die passende Spalte der Tabelle. Ergänze bei Nomen den Artikel.**

Bril- • Zel- • Kan- • klet- • sum- • Kam- • Ril- • schwim- • Num- • Ton- • Som- • schmet- • Wan- • im- • Son- • ram- • schnat- • rat- • kom- • Bul-

-ne • -mer • -tern • -le • -men

-ne	-mer	-tern	-le	-men
die Kan ne		klet tern		

2 **Entscheide, ob du einen einfachen Konsonanten oder einen Doppelkonsonanten einsetzen musst. Prüfe dafür, ob die erste Silbe der Lückenwörter offen oder geschlossen ist.
TIPP: Verlängere Einsilber.**

Gerne würde ich einmal bis zu den Knien durch Wa____e wa____en. (t oder tt?)

Der Ra____e fliegt, die Kra____e läuft. (b oder bb?)

Der Wa____ kann den Ba____ in die Luft schleudern. (l oder ll?)

3 In der Wörterschlange verstecken sich 10 Wörter. Trenne sie durch einen Strich voneinander ab. Unterstreiche die Wörter mit zwei verschiedenen Konsonanten an der Silbengrenze und umrahme Wörter mit Doppelkonsonanten an der Silbengrenze.

MANTEL|OFFENWOLLEBIBBERNHÄNDEINNENSCHNALLEGÜRTELSCHULTERAFFE

4 **a** Gesucht sind hier Wörter, die mit *tz* geschrieben werden. Trage sie in die Kästchen ein.
TIPP: Den Buchstaben *ü* schreibe *ue*.

nicht sauber

etwas verwenden

verraten, wer es gewesen ist

kaputtgehen (Luftballon)

Wasserlache auf der Straße

Eile, Stress

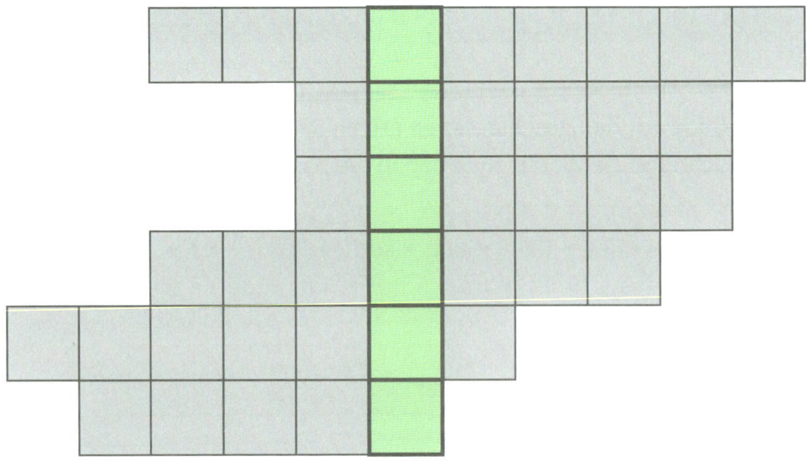

b Schreibe das Lösungswort aus den dick umrahmten Kästchen ab: ______________________

5 **a** Löse das Rätsel. Trage Wörter mit *ck* in die Kästchen ein.

männliche Ziege

hinterer Teil des Halses

viele Blätter zum Schreiben

nicht dünn

Turngerät

sich beklagen

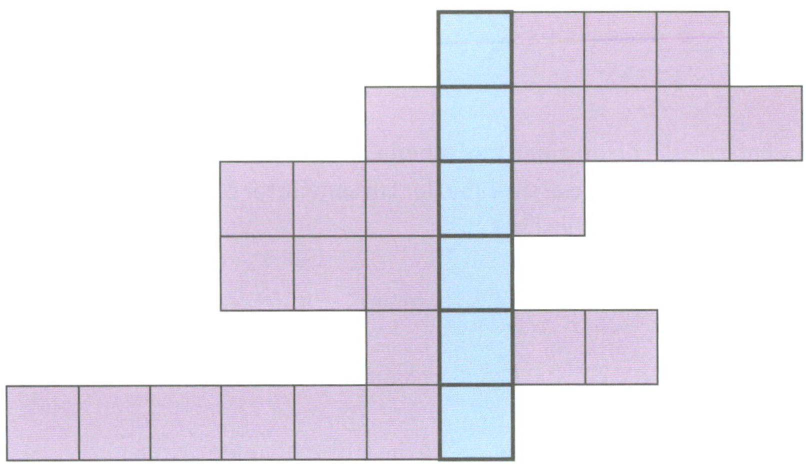

b Schreibe das Lösungswort aus den dick umrahmten Kästchen ab: ______________________

⊕ **6** Zerlege die zusammengesetzten Wörter mit Trennstrichen. Verlängere sie und schreibe sie richtig auf.

	verlängern:	richtig schreiben:
Dü ? /bre ? /bohrer (n/nn, t/tt)	dü? → dünner,	
Ma ? wer ? sta ? (l/ll, k/ck, t/tt)		

s-Laute

Information **Wörter mit *s*-Laut**

Das folgende Schaubild zeigt dir, wann du ***s, ß*** und ***ss*** schreiben musst.

erste Silbe → offen / geschlossen

offen → **summendes *s***: schreibe ***s***, z. B.: *rei sen, Mu sik*

offen → **zischendes *s***: schreibe ***ß***, z. B.: *Grü ße, gie ßen*

geschlossen → schreibe ***ss***, z. B.: *es sen, Ris se*

Um diese Regeln für den s-Laut anzuwenden, musst du **Einsilber verlängern.**

1 **a** **Sprich die Wörter in Silben. Achte dabei darauf, wie du den *s*-Laut am Anfang der zweiten Silbe sprichst: summend wie eine Biene (z. B. wie in *Do-se*) oder zischend wie eine Schlange (z. B. wie in *Grü-ße*).**

Preise • Straße • blasen • Füße • eisig • heißen • Kreise • draußen • Größe • außerdem • lesen • sausen

b **Schreibe die Wörter mit summendem *s* in den Bienenkorb und die Wörter mit zischendem *s* in den Schlangenkorb. Ziehe die Silbenbögen.**

2 **a** **Lies die Wörter deutlich in Silben.**

fleißig • küssen • Reise • Schlösser • dreißig • wissen • rosig • Süßes • Gase • Masse • Flöße • gruseln • pressen • Wiese

b **Ordne die Wörter zu. Schreibe sie in die richtigen Felder und markiere jeweils den *s*-Laut.**

erste Silbe → offen / geschlossen

offen → summendes *s* / zischendes *s*

summendes *s*	zischendes *s*	geschlossen

3 **a** **Beweise die richtige Schreibweise, indem du die Einsilber links verlängerst.**
b **Ergänze den richtigen *s*-Laut dann auch in den zusammengesetzten Wörtern rechts.**

das Gras: die Gräser	gra___grün; der Gra___hüpfer
die Maus: ___	mau___grau; der Mau___klick
der Fels: ___	der Fel___brocken; die Fel___spalte
er bläst: ___	das Bla___orchester; das Bla___rohr
vereist: ___	ei___glatt; die Ei___diele
er liest: ___	die Le___art; die Le___barkeit

4 **Entscheide, ob in den folgenden Wörtern *ß* oder *s* stehen muss. Schreibe dafür Verlängerungswörter auf und prüfe, ob der *s*-Laut summend oder zischend gesprochen wird.**

das Floß	die Flöße	schneewei___	___
sie spei___t	___	der Auswei___	___
der Fu___	___	das Gla___	___
er ra___t	___	der Gru___	___
sie schie___t	___	er dö___t	___

5 **Finde passende Reimwörter und schreibe sie auf die Zeilen.**
Verlängere einsilbige Wörter, um die richtige Schreibung zu prüfen.

Um einen Hasen zu küssen,
wird die Giraffe sich bücken ___.

Das Buch, in dem ich eben las,
liegt neben mir im grünen ___.

Im Kaufhaus kauf ich eine Tasse,
bezahlen muss ich an der ___.

Der Hund mit seinem Wolfsgebiss
zog an der Hose, bis sie ___.

Den Urlaub werde ich genießen.
Kannst du so lang meine Blumen ___?

Ich sitz am Strand, im Meer die Füße,
und sende dir ganz liebe ___.

Information **Wechsel des *s*-Lauts**

Innerhalb einer **Wortfamilie** und bei den verschiedenen **Formen eines Verbs** kann sich die Schreibweise des **s-Lauts ändern.** Achte darauf, ob die erste Silbe offen oder geschlossen ist, z. B.: *gießen* (= offen) – *ich goss* (= geschlossen); *sie verlassen* (= geschlossen) – *sie verließen* (= offen). Einsilbige Wörter musst du dafür verlängern.

1 a Verbinde die Nomen aus der linken Spalte mit den passenden Verben aus der rechten Spalte.
b Ergänze jeweils den richtigen *s*-Laut. Achte darauf, ob die Silben offen oder geschlossen sind.
TIPP: Einsilbige Wörter musst du verlängern.

der Regengu____	rei____en
der Hundebi____	flie____en
das Ma____band	schlie____en
der Ri____ im Kleid	me____en
der Flu____	bei____en
der Genu____	gie____en
der Ladenschlu____	genie____en

2 a Ergänze in den Sätzen die fehlenden *s*-Laute.
b Trage in das Kästchen jeweils den zutreffenden Buchstaben ein:
A = **Aus einer geschlossenen Silbe wird eine offene Silbe.**
B = **Aus einer offenen Silbe wird eine geschlossene Silbe.**

Wir verga____en, aufzuschreiben, was wir nicht verge____en wollten. A oder B? ☐

Wenn das Wasser hinuntergeflo____en ist, flie____t es nicht mehr hinauf. A oder B? ☐

⊕ **3 Schreibe mit Hilfe der folgenden Infinitive selbst drei Sätze wie in Aufgabe 2.**

messen • lassen • sprießen

____

____

____

____

____

Information **Merkwörter mit *s* am Wortende**

Für einige Wörter mit einfachem *s* am Wortende gibt es keine Verlängerungsmöglichkeit. Es sind also Merkwörter, z. B.: *als, aus, bis, es, etwas, niemals, alles, anders, morgens.*

1 a Unterstreiche im Text alle Wörter mit *s* am Wortende, die sich nicht verlängern lassen.

Als ich morgens aus dem Haus gehen wollte, regnete es, als wolle es niemals mehr aufhören. Es blieb mir nichts anderes übrig, als zu warten, bis es etwas besser geworden war. Als ich abends wieder zurückkam, war aber bereits alles wieder trocken. Anderntags konnte ich ohne Schirm unterwegs sein.

b Notiere das einzige Wort aus dem Text, das auf *s* endet und verlängert werden kann, in deinem Heft. Beweise die Schreibweise mit *s*, indem du den Plural bildest.

2 a Ergänze im Text alle fehlenden *s*-Laute: *s, ss* oder *ß*.
Sprich die Silben deutlich und probiere, ob du die Wörter verlängern kannst.
b Umrahme Wörter, bei denen du die Schreibung des *s*-Lauts am Wortende oder Silbenende nicht durch Verlängern klären konntest.

Ein kurzer Ausflug

An einem hei___en Sommertag entschlie___t sich Familie Brandt, an den gro___en Badesee zu fahren. Paul und seine Mutter kümmern sich um da___ E___en. Clara und der Vater mü___en für die Badesachen sorgen. Dann geht e___ lo___! Al___ die vier am See ankommen, ist e___ gerade Mittag___zeit. De___halb lä___t die Mutter die Kinder gleich die Tischdecke auf dem Gra___ au___breiten. Alle genie___en den Kartoffelsalat, die Fleischklö___e mit Tomatenso___e und trinken dazu flei___ig Orangensaft. Den Nu___kuchen wollen Paul und Clara erst nach dem Baden verspei___en. Aber wa___ pa___iert jetzt? Rie___ige Wolken ballen sich am Himmel zusammen. Schon pra___eln die ersten Regentropfen auf die Wie___e. Nun hei___t e___ geschwind einpacken, damit nicht alle___ na___ wird. Dann ra___t jeder, so schnell er kann, zum Auto. Wieder zu Hau___e hat Clara eine Idee: „Ich wei___ wa___!“, ruft sie. „Wer i___t mit mir ein Stück Nu___kuchen?“

3 Notiere alle Merkwörter aus den Texten in Aufgabe 1 und 2 in deinem Heft.

⊕ **4 a Schreibe in deinem Heft einen kurzen Text, in dem du möglichst viele Merkwörter mit *s* verwendest.**
b Unterstreiche in deinem Text alle weiteren Wörter mit einem *s*-Laut und prüfe mit Hilfe der Information oben auf Seite 79, ob du sie richtig geschrieben hast.

„das“ oder „dass“?

Information „das“ und „dass“ unterscheiden

Zu Beginn eines Nebensatzes, also **nach** einem **Komma,** werden „das“ und „dass“ oft verwechselt. Prüfe daher am besten mit der **Ersatzprobe,** welche Schreibung richtig ist:

- **Kann „das“ durch „welches“ ersetzt werden,** wird es **mit einem „s“** geschrieben, z. B.: *Der Hund ist das Haustier, ~~das~~ welches in Deutschland nach der Katze am beliebtesten ist.*
- **„Dass“ mit zwei „s“** dagegen **kann nicht ersetzt werden,** z. B.: *Ich wünsche mir, dass meine Familie sich auch einen Hund anschafft.*

1 **Entscheide für die beiden Sätze A und B, ob „das“ oder „dass“ richtig ist. Führe die Ersatzprobe durch. Streiche dann das falsche Wort.**

A Der Hund ist ein Tier, *das/dass* ursprünglich im Rudel lebte. (Ersatzprobe):

____

____

B Wusstest du, *das/dass* Hunde bei den Inuit eine wichtige Rolle spielten?

(Ersatzprobe): ____

____

2 **Trage ein: „das“ oder „dass“?**

Während es bei uns normal ist, __________ eine Familie nur einen Hund hat, besaß in der traditionellen Kultur der Inuit jede Familie mindestens ein ganzes Rudel Hunde. Du weißt sicher, __________ die Inuit das Ureinwohnervolk sind, __________ im Norden von Kanada lebt. Als die Inuit noch nicht sesshaft waren, sondern das weite Land, __________ die meiste Zeit im Jahr schneebedeckt ist, auf der Suche nach Wild, __________ sie jagen konnten, durchquerten, waren ihre Hunde für sie unentbehrlich. Das Tier, __________ in der Sprache der Inuit „Qimmik“ heißt, war stark, mutig und klug. Die Inuit konnten sich auch bei eisiger Kälte immer darauf verlassen, __________ die Hunde ihren Schlitten kraftvoll zogen. Der Musher, also der Schlittenführer, gab dem Leittier, __________ ganz vorne eingespannt war, Signale und das Leittier sorgte dafür, __________ das restliche Rudel richtig lief. Oft war das Leittier, __________ der Familie ans Herz gewachsen war, wie ein Familienmitglied. Manchmal hatte nicht nur der Vater, sondern auch die älteren Kinder ein eigenes Rudel, __________ nur ihnen gehorchte.

i oder *ie?*

Information Wörter mit *i* oder *ie*

Wenn die **erste Silbe geschlossen** ist, schreibst du **immer *i*,** z. B.: *Him mel.*
Du schreibst **nur dann *ie*,** wenn die **erste Silbe offen** ist (lang gesprochen), z. B.: *frie ren.*
Achtung: Diese Regel gilt **nur für zweisilbige Wörter.** Um diese Regel zu bestätigen, musst du Einsilber zuerst verlängern, z. B.: *Tier – Tie re.*
Besonders wichtige **Merkwörter** sind: *mir, dir, wir, ihr, ihnen, ihm, ihr, ihre.*

1 **a** Im Wortgitter verstecken sich 6 Wörter mit *ie* und 6 Wörter mit *i* in der ersten Silbe. Markiere die Wörter jeweils unterschiedlich. TIPP: Alle Wörter haben zwei Silben.

G	I	T	T	E	R	Q	W	D	O	U	L	X	J	B	A	B	I	R	T
C	V	B	Y	T	R	E	G	I	E	R	I	G	R	I	P	R	F	I	G
G	R	I	F	F	E	C	V	B	Z	T	E	R	E	T	W	I	Q	E	A
L	I	M	N	C	M	I	L	C	H	I	G	X	R	T	N	E	M	C	G
W	E	Z	Z	T	R	E	J	B	N	U	E	O	A	E	V	F	V	H	A
P	S	O	K	I	N	D	E	R	R	O	N	P	Z	L	I	E	D	E	R
R	E	Z	O	L	B	V	T	R	E	P	X	M	I	N	Z	E	Q	N	O

b Übertrage die Wörter aus dem Wortgitter in die richtige Spalte der Tabelle und zeichne Silbenbögen.

Wörter mit *i* (geschlossene Silbe)	Wörter mit *ie* (offene Silbe)
Git ter,	gie rig

2 Einige Verben werden in der Zeitform Präteritum mit *ie* geschrieben. Wenn du zuerst eine zweisilbige Form im Präteritum bildest, kannst du die Regel in der Information oben anwenden. Fülle die Tabelle aus.

Infinitiv	3. Person Plural Präteritum	3. Person Singular Präteritum
schlafen	sie schliefen	er schl f
raten	sie r	sie
laufen		er
bleiben		sie

3 Untersuche die Wörter mit *i* und *ie* in dem Gedicht.

a Schreibe zwei mehrsilbige Wörter mit *ie* heraus. Zeichne die Silbenbögen.

b Suche zwei einsilbige Wörter mit *ie*. Verlängere die beiden Wörter, um die Schreibung mit *ie* zu beweisen.

c Suche zwei verwandte Wörter zu „Willst“ (Vers 6), um die Schreibung mit *i* zu beweisen.

d Schreibe zwei Merkwörter mit *i* auf, die zweimal im Gedicht vorkommen.

Christine Nöstlinger:
Rechenaufgabe unter Tränen

3 + 4 = 7
Du hast mir einen Brief geschrieben.
7 + 1 = 8
Der hat mich traurig gemacht.
8 + 2 = 10
Willst mich nicht wiedersehn.
10 – 6 = 4
Es liegt dir nichts an mir.
4 – 1 = 3
O. K., ich gebe dich frei!
3 – 2 = 1
Aber Glück wünsch ich dir keins!

4 Welche Tiere sind hier gesucht? Löse das Rätsel.
Achtung: Obwohl der *i*-Laut lang gesprochen wird, wird nur *i* geschrieben. Es handelt sich um Merkwörter!

große, gestreifte Raubkatze

Tier mit sehr langem Hals

dünnes Insekt mit vier langen Flügeln

Nagetier, das Dämme baut

stacheliges Tier

Verwandter des Hasen

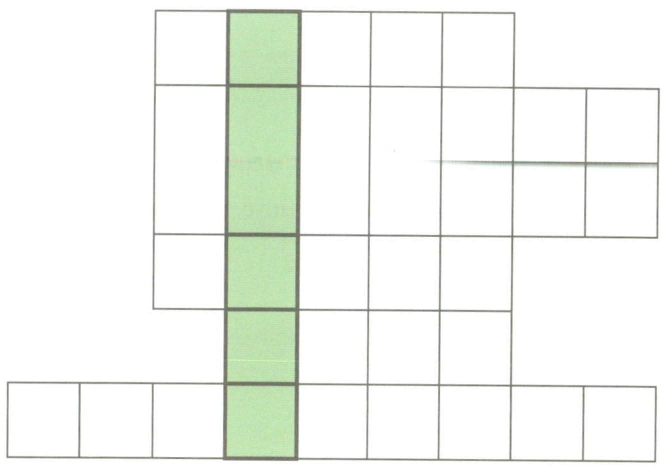

5 Welchen Sonderfall der *i*-Schreibung kannst du in folgendem Satz erkennen?
Markiere die Stellen und notiere drei weitere Wörter mit demselbem Sonderfall.

In der Kantine gibt es heute Margarinebrote und Apfelsinen in Gelatine – brrr!

Wörter mit *h*

Information Wörter mit *h*

Bei einsilbigen Wörtern kannst du das *h* nicht hören. Verlängerst du sie, steht das **silbenöffnende *h*** am **Anfang der zweiten Silbe** und ist **beim deutlichen Sprechen hörbar,** z. B.: *der Zeh – die Ze hen.* Das ***h*** am **Ende der ersten Silbe** ist **nicht hörbar** und steht häufig **vor *l, m, n*** und ***r,*** z. B.: *die Keh le.* Diese Wörter sind **Merkwörter.**

1 Verlängere die einsilbigen Wörter und trage sie in die richtige Tabellenspalte ein.

er bohrt • er mäht • sie dreht • er näht • die Sahne • zahm • er droht • der Stuhl • der Floh • sie geht • die Zahl

Im zweisilbigen Wort steht das *h* in der zweiten Silbe und ist hörbar → **silbenöffnendes** *h*.	Im zweisilbigen Wort steht das *h* in der ersten Silbe und ist nicht hörbar → **Merkwörter mit *h***.
mä hen,	boh ren,

2 Prüfe, ob die markierten Wörter ein silbenöffnendes *h* enthalten.
Verändere die Sätze dafür so, dass du die Wörter verlängern kannst.

Beispiel: Eine Kuh macht Muh. – Viele Kü he mu hen.

Am Waldrand steht ein Reh. ____________________.

Im Schuh drückt der Zeh. ____________________.

3 Ergänze die Tabelle mit den passenden Verbformen.
TIPP: Das *h* bleibt immer erhalten.

Infinitiv	1. Person Singular Präsens	3. Person Plural Präsens	3. Person Singular Präteritum
glühen			
	ich ruhe		
			er/sie mähte
		sie sehen	

4 Das *h* bleibt in verwandten Wörtern erhalten.

a Schreibe unter die Wortstämme *zahn, steh* und *uhr,* ob es sich um ein Merkwort mit *h* oder um ein silbenöffnendes *h* handelt.

b Liste verwandte Wörter auf.

zahn	steh	uhr
→ Merkwort mit h	→	→
zah nen		Uh ren
	Stehcafé	

5 Bilde Wörter mit *h* vor *l, m, n* und *r.* Nutze die Wortanfänge (z. B. *Za-*, *befe-*) und – falls nötig – die jeweils angegebenen Wortendungen (z. B. *-en, -e*). Schreibe auf die Zeilen.

Za- • befe- • Ke- • Stu- • Sta- • stra-
-hl
-en • -e

zä- • ne- • Ra- • Le- • la-
-hm
-en

Zahl, befehlen,

ä- • Mä- • gä- • Ka- • anba- • Hu- • Ha-
-hn
-e • -en • -lich

O- • verwa- • e- • bo- • gefä-
-hr
-en • -lich

Wörter mit Doppelvokal

Information **Wörter mit Doppelvokal:** ***aa, ee, oo***

Es gibt nur **wenige Wörter,** in denen der lang gesprochene **Vokal verdoppelt** wird. Diese Wörter musst du dir merken.

aa: *der Aal, das Aas, das Haar, paar, das Paar, der Saal, die Saat, der Staat, die Waage,*

ee: *die Allee, die Beere, das Beet, die Fee, das Heer, die Idee, der Kaffee, der Klee, leer, das Meer, das Püree, der Schnee, der See, die Seele, der Tee, der Teer, die Tournee.*

oo: *das Boot, doof, das Moor, das Moos, der Zoo.*

1 Finde zu jedem Bild das passende Wort mit Doppelvokal und schreibe es auf.
In dem dick umrahmten Feld ergibt sich von oben nach unten gelesen ein Lösungswort mit Doppelvokal.

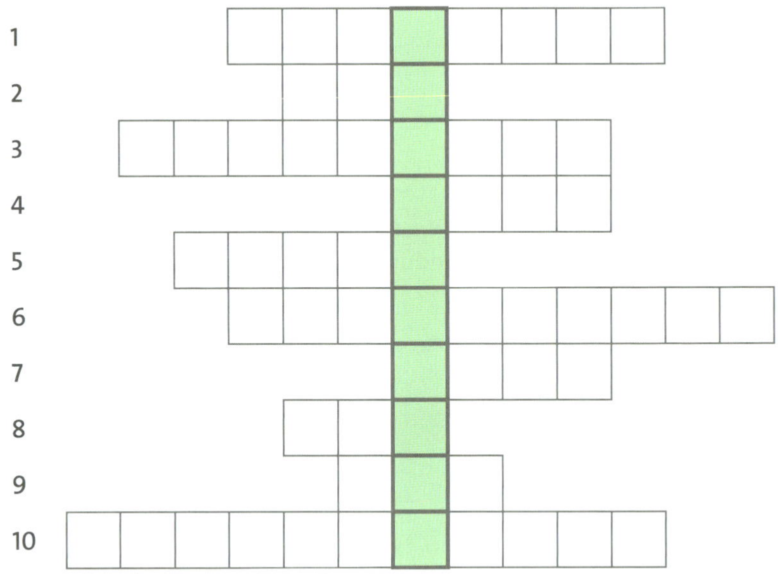

2 Setze die Wörter so zusammen, dass sinnvolle Nomen entstehen. Schreibe die Wörter auf.

See • beere • ~~Haar~~ • blatt • geier • Zoo • Blau • räuber • ~~bürste~~ • tiere • Klee • Aas

Haarbürste, ______________________

____

____

⊕ **3** Schreibe aus der Wörterschlange alle Wörter mit doppeltem Vokal heraus.
Achte dabei auf die richtige Groß- und Kleinschreibung. Arbeite in deinem Heft.

Schwierige Laute: *V/v*

Information *V/v:* Ein Buchstabe – zwei Laute

Wörter mit *V/v* sind Merkwörter. Man spricht sie manchmal mit *f* und manchmal mit *w* aus.
Wörter mit den Vorsilben *ver-* und *vor-* schreibst du immer mit **v,** z. B.: *versuchen, vorschlagen.*

1 **a** Sprich die Wörter in den Wolken und an den Sonnenstrahlen leise aus.
Achte genau darauf, wie das *V/v* klingt.
b Trage die Wörter in die richtige Tabellenspalte ein. Achte dabei auf die richtige Groß- und Kleinschreibung.

V/v gesprochen wie *f*	*V/v* gesprochen wie *w*

2 Bilde möglichst viele Verben mit den Vorsilben *ver-* und *vor-*. Schreibe in dein Heft.

bieten • suchen • binden • fallen • laufen • geben • fahren • bringen • lassen • brauchen • schreiben

⊕ **3** *V/v, F/f* oder *W/w?* Fülle die Lücken richtig aus.

der No____ember • der Ad____ent • tie____ • das Ge____itter • ____oll • die Pfei____e • ____aul •

die Kur____e • die ____illa • das Ge____ehr • schie____ • der Pullo____er • ____ertig

Schwierige Laute: *ks*

Information *ks:* Ein Laut – fünf Schreibweisen *(ks, cks, gs, chs, x)*

Die Buchstabenfolgen ***ks, chs, gs, chs*** und der Buchstabe ***x*** werden alle wie ***ks*** **gesprochen.**
Wörter mit ***ks, cks*** und ***gs*** kannst du oft **verlängern,** z. B.: *unterwegs → die Wege.*
Wörter mit ***x*** und ***chs*** musst du dir **merken,** z. B.: *Nixe, Ochse.*

1 **Prüfe, ob die Wörter mit *ks, cks* oder *gs* geschrieben werden. Verlängere die Wörter dafür und sprich sie deutlich aus.**

du sa ? t: sagen → du sagst

du flie ? t: ______________________

du len ? t: ______________________

du we ? t mich: ______________________

nachmitta ? : ______________________

2 **Im Gitterrätsel sind senkrecht und waagerecht 10 Wörter mit *x* versteckt. Schreibe sie in der richtigen Groß- und Kleinschreibung auf.**

____

____

____

____

____

M	A	X	D	E	T	U	M	E	N	P	L	O
D	X	D	T	W	S	X	T	E	X	T	F	E
F	T	F	J	N	V	P	U	M	S	A	R	X
F	L	A	M	E	R	T	W	E	C	X	E	O
E	N	X	I	D	E	S	S	X	H	I	X	T
L	B	E	X	P	L	O	S	I	O	N	T	I
I	T	N	E	R	N	S	T	K	D	E	R	S
X	L	D	N	O	U	L	E	O	K	L	E	C
W	O	N	R	L	U	X	U	S	V	Ö	M	H

3 **Kennst du diese Tiere mit *chs?* Schreibe sie auf.**

 der L______________________

 ______________________

 die E______________________

 der O______________________

 ______________________

 der L______________________

⊕ **4** ***x* oder *chs?* Ergänze die fehlenden Buchstaben.**

he_____en, die Bü_____e, der E_____perte, die Sa_____en, die Bo_____, die Pra_____is

Regeln zum Rechtschreiben

1 a Entscheide für jede Aussage, ob sie richtig oder falsch ist. Kreuze an. (5 Punkte) ☐

	richtig	falsch
A Endet die erste Silbe eines zweisilbigen Wortes mit einem Vokal, nennt man sie offen.	☐	☐
B Doppelkonsonanten schreibt man nur, wenn die erste Silbe offen ist.	☐	☐
C Folgt auf eine offene Silbe ein gesummtes *s*, schreibt man *ß*.	☐	☐
D Einsilbige gebeugte Verben kann man verlängern, indem man den Infinitiv bildet.	☐	☐
E Das Dehnungs-*h* steht am Ende der ersten Silbe und häufig vor *l*, *m*, *n* oder *r*.	☐	☐

b Verbessere die fehlerhaften Regeln aus Aufgabe 1 a. Schreibe die Regeln richtig auf. (2 Punkte) ☐

____

____

____

2 a Trage das *i* in der richtigen Schreibweise (*i*, *ie* oder *ih*) ein. (6 Punkte) ☐
b Kreuze die passende Begründung dazu an. (6 Punkte) ☐

	schm___nken	___nen	Sp___gelei	Gl___tzer	schm___rig	w___r
Die erste Silbe ist geschlossen.	☐	☐	☐	☐	☐	☐
Die erste Silbe ist offen.	☐	☐	☐	☐	☐	☐
Es handelt sich um ein Merkwort.	☐	☐	☐	☐	☐	☐

3 *V/v*, *W/w* oder *F/f*? Setze die richtigen Buchstaben ein. (5 Punkte) ☐

die ___üste die ___eranda ___ertig ___erstehen das ___under

4 *x*, *chs*, *cks*, *ks* oder *gs*? Setze die richtigen Buchstaben ein. (5 Punkte) ☐

du den___t das Ta___i län___t das Wa___ du ba___t

Vergleiche deine Ergebnisse mit dem Lösungsheft. Für jede richtige Antwort bekommst du einen Punkt.

☺ 29–22 Punkte	☺ 21–15 Punkte	☹ 14–0 Punkte
Gut gemacht!	Gar nicht schlecht, aber lies dir die Merkkästen auf den Seiten 75–90 noch einmal genau durch.	Arbeite die Seiten 75–90 noch einmal genau durch.

Groß- und Kleinschreibung

Nomen erkennen

Methode **Nomen erkennen I – Auf typische Nomenendungen achten**

Satzanfänge, Namen und **Nomen** werden **großgeschrieben.**
Nomen kannst du an ihren Begleitern (▸ S. 93) und an ihren Endungen erkennen.
Achte auf die **Endungen *-heit, -keit, -ung, -nis, -schaft, -tum* und *-in*.** Wörter mit diesen Endungen sind **immer Nomen** und werden **großgeschrieben,** z. B.:
Gesundheit, Tapferkeit, Beschreibung, Wagnis, Freundschaft, Eigentum, Polizistin.

1 Bilde aus den Wortbestandteilen links und rechts Nomen und schreibe sie mit ihren Artikeln auf.

Bescheiden- | Beschäftig- | Geheim- | Lehrer-
Sicher- | Wachs- | Eitel- | Versteiger- | Irr-
Gleich- | Reich- | Ärzt- | Feind- | Beleidig-
Ergeb- | Dunkel- | Zeug- | Frech- | Krank-

+

-heit | -keit | -schaft | -in | -tum | -ung | -nis

die Bescheidenheit, ______________________

____

____

____

____

____

____

2 Forme die Adjektive und Verben mit Hilfe der Nomenendungen zu Nomen um. Schreibe die Nomen mit Artikel auf. Achte auf die Großschreibung.

erfahren | schwierig | erzählen | gesund
führen | höflich | bereit | leisten | heiter

+

-heit | -ung | -schaft | -keit

die Erfahrung, ______________________

____

____

Methode **Nomen erkennen II – Artikelwörter als Begleiter**

- **Nomen** kann man an ihren Begleitern erkennen, z. B. dem **Artikelwort.** Es steht **stets am linken Rand einer Nominalgruppe** (▶ S. 59). Das Nomen wird **großgeschrieben.** Folgende Artikelwörter können Begleiter sein:
  – **Artikel** (bestimmter/unbestimmter), z. B.: *der Mann, die Frau, das Kind / ein Mann, eine Frau, ein Kind.*
  – **Pronomen,** z. B.: *mein Tier, unser Tier, dieses Tier.*
  – Das Artikelwort kann auch eine **verschmolzene Präposition** (▶ S. 259) sein, z. B.: *am Fell (= an dem Fell), im Fell (= in dem Fell).*
- Wenn ein Nomen keinen Begleiter hat, kannst du ein **Artikelwort ergänzen** und so prüfen, ob es sich um ein Nomen handelt, z. B.: *Freundschaft – die alte Freundschaft, Luft – die gute Luft.*

3 Markiere z. B. farbig im folgenden Text alle Satzanfänge und unterstreiche alle Nominalgruppen.

Ungewöhnliche Haustiere

Habt ihr schon einmal gesehen, dass ein Mensch ein Kaninchen oder ein Hausschwein anleint, um mit diesen einen Ausflug zu machen? Man kann diesen ungewöhnlichen Tieren beim Spaziergang begegnen: Ein japanischer Herr zum Beispiel führt täglich seine Riesenschildkröte aus. Das Aufsehen ist meist groß. Und die Australierin Vicky Lowing liebt es, ihr Krokodil Johnie auszuführen. Sie haben ein großartiges Verhältnis. Hunde laufen nicht braver, wenn sie angeleint sind.

4 Schreibe alle Nominalgruppen heraus und unterstreiche das Nomen, das großgeschrieben werden muss.
TIPP: Zwischen Artikelwort und Nomen kann auch ein Adjektiv stehen

5 Suche aus dem Text ein Nomen ohne Artikelwort als Begleiter heraus.
Notiere es mit einem Artikelwort. z. B.: die Hundeleine.

6 Im Gitterrätsel sind waagerecht und senkrecht neun Nomen versteckt.
Umrahme sie und schreibe sie jeweils mit zwei Artikelwörtern auf.

auf dem Tisch, mein kleiner Hund,

T	I	S	C	H	D	R	G
A	E	P	B	U	C	H	E
N	R	I	M	N	E	U	F
F	R	E	U	D	E	W	Ü
N	S	L	E	T	L	I	H
O	F	A	H	R	T	N	L
N	E	R	T	G	M	D	O
P	I	Z	Z	A	F	O	L

7 Die folgende Nachricht soll fehlerfrei in der Tageszeitung erscheinen.

a Umkreise im Text alle Satzanfänge.

b Unterstreiche Namen und Nomen. Falls du unsicher bist, ob es sich um ein Nomen handelt, prüfe: Kannst du in Gedanken ein Artikelwort vor das Nomen stellen?

c Schreibe die Meldung in der richtigen Groß- und Kleinschreibung in dein Heft.

Vorsicht Fehler!

Spaziergang mit Elefant

die gewaltige elefantendame maja trabt häufig durch die straßen von berlin. sie arbeitet beim zirkus und wird von ihrem trainer täglich zu einer wiese geführt. der trainer hat nur einen kleinen elefantenstock bei sich, denn maja folgt ihm aufs wort. sie ist eben eine sehr kluge dame. für ein zootier ist beschäftigung außerdem sehr wichtig. maja empfindet den täglichen spaziergang als willkommene abwechslung von ihrem zirkusalltag. für die berlinerinnen und berliner ist die begegnung mit maja ein nettes erlebnis.

⊕ **8** Schreibe aus dem Text die vier Nomen mit typischen Nomenendungen heraus.

Zeichensetzung

Komma bei Aufzählungen

Information **Das Komma bei Aufzählungen**

Aufzählungen können aus Wörtern und Wortgruppen bestehen. Sie werden **durch ein Komma getrennt,** z. B.: *Chamäleons fressen Insekten, kleine Vögel und manchmal auch ihre Artgenossen.*
Wenn die Aufzählungen durch die **Konjunktionen *und, sowie, oder, entweder … oder, sowohl … als auch, weder … noch*** verbunden sind, **entfällt das Komma,** z. B.:
Chamäleons färben sich entweder zur Tarnung oder für die Partnersuche.

1 **a** Unterstreiche in den Sätzen des folgenden Textes die Aufzählungen.
b Setze, wo nötig, die fehlenden Kommas.
c Markiere die Konjunktionen, vor denen kein Komma steht.

Vorsicht Fehler!

Chamäleons – Rekordhalter im Farbenspiel

Wir Menschen werden schwarz vor Ärger, rot vor Wut oder gelb vor Neid. Aber das ist nichts im Vergleich mit dem Chamäleon: Es färbt sich je nach Anlass schwarz grau braun grün gelb rot türkis blau und sogar bunt. Die Farben dienen sowohl zum Anlocken eines Partners als auch zur Tarnung. Bei Gefahr nehmen sie z. B. die Farbe von Blättern Baumrinde oder Steinen an. Schuppen am Rücken Zacken am Kinn sowie eine Art Ritterhelm auf dem Kopf lassen die Tiere wie kleine Drachen aussehen.

⊕ **2** Im folgenden Text ist die Kommasetzung durcheinandergeraten. Verbessere ihn:
a Setze die fehlenden Kommas in den Aufzählungen.
b Streiche die falsch gesetzten Kommas durch.

Vorsicht Fehler!

Kamele – Meister in der Vorratshaltung

Kamele gibt es sowohl mit einem Höcker, als auch mit zwei Höckern. Das Dromedar hat einen Höcker das Trampeltier zwei Höcker. Beide Kamelarten können auf ihren Wanderungen durch trockene Steppen Halbwüsten und Wüsten lange Zeit auf frisches Wasser, und neue Nahrung verzichten. Kamele sind nämlich Meister in der Vorratshaltung. Sie können Wasser und Nahrung sowohl in großer Menge aufnehmen, als auch speichern. Ihre Höcker dienen ihnen dabei sozusagen als Vorratsspeicher, oder Speisekammer. Der gespeicherte Fettvorrat versorgt sie mit der nötigen Kraft, und Energie für ihre Aufgaben als Reittiere, oder Lasttiere.

Zeichensetzung in der wörtlichen Rede

Information Zeichensetzung in der wörtlichen Rede

Die **wörtliche Rede** steht in **Anführungszeichen.** Die Zeichensetzung ändert sich, je nachdem, ob der Redebegleitsatz vor oder nach der wörtlichen Rede steht oder eingeschoben ist.

- Der **Redebegleitsatz vor der wörtlichen Rede** wird durch einen Doppelpunkt von der wörtlichen Rede abgetrennt, z. B.: *Kaya erklärt: „Das schnellste Tier der Welt ist der Gepard."*
- Der **Redebegleitsatz nach der wörtlichen Rede** wird durch ein Komma von der wörtlichen Rede abgetrennt, z. B.: *„Das schnellste Tier der Welt ist der Gepard", erklärt Kaya.*
- Der **eingeschobene Redebegleitsatz** wird durch zwei Kommas von der wörtlichen Rede abgetrennt, z. B.: *„Das schnellste Tier der Welt", erklärt Kaya, „ist der Gepard."*

1 **Forme den folgenden Satz so um, dass der Redebegleitsatz einmal eingeschoben ist und einmal nach der wörtlichen Rede steht. Setze die Kommas und Anführungszeichen richtig. Arbeite in deinem Heft.**

Kaya behauptet: „Tiere sind doch die besseren Sportler."

2 **a** **Unterstreiche in dem folgenden Text die Redebegleitsätze.**
b **Setze, wo nötig, einen Doppelpunkt.**
c **Setze die fehlenden Anführungszeichen.**

Vorsicht Fehler!

Sind Tiere die besseren Sportler?

Der aktuelle Rekordhalter im Kurzstreckensprint erreicht eine Geschwindigkeit von fast 39 Stundenkilometern, erklärt Max. Das ist doch gar nichts, entgegnet Kaya, ein Gepard bringt es auf eine Geschwindigkeit von 100 Stundenkilometern. Max denkt nach und behauptet Aber Menschen sind die besten Weitspringer. Der aktuelle Olympiasieger ist über acht Meter weit gesprungen. Ein Riesenkänguru kann aber über 13 Meter weit springen, wendet Kaya ein, und ein Schneeleopard sogar 14 Meter. Da schüttelt Max den Kopf und sagt Okay, du hast gewonnen.

⊕ **3** **a** **Vervollständige die Redebegleitsätze mit treffenden Verben aus dem Wortfeld *sagen*.**
b **Füge Satzzeichen bei der wörtlichen Rede ein.**

Kennst du noch weitere tierische Rekorde? ____________________ Max interessiert. Kaya ____________________ Der schnellste Schwimmer ist der Fächerfisch. Er schwimmt bis zu 100 Stundenkilometer schnell. Der ist ja so schnell wie ein Auto ____________________ Max. Und Wale können fast 3000 Meter tief tauchen und dabei über zwei Stunden unter Wasser bleiben ____________________ Kaya.

Großschreibung und Zeichensetzung

1 **Wie lauten diese Regeln? Ergänze. (4 Punkte)**

A Satzanfänge, Namen und Nomen werden ______________________________________.

B Nomen erkennt man an ____.

2 **Hier ist alles kleingeschrieben. Unterstreiche alle Nomen und schreibe die Sätze richtig auf. (7 Punkte)**

heute halten menschen sich seltsame haustiere in ihren wohnungen. neben leguanen werden auch minischweine immer beliebter.

____

____

____

3 **Setze fehlende Kommas in den Aufzählungen und streiche falsch gesetzte Kommas durch. (7 Punkte)**

Tierische Rekorde

Wer hätte gedacht, dass sowohl Ameisen, als auch Libellen Rekorde halten? Ameisen können das Hundertfache ihres Körpergewichts tragen, z. B. Blätter Nüsse, oder kleine Stöckchen. Die Libelle jagt mit 50 Stundenkilometern Fliegen Mücken, und andere Beutetiere. Die beste Nase haben weder Hunde, noch Schweine, sondern Aale. Sie können sogar einen Tropfen Blut einen toten Fisch oder ein Stück Würfelzucker in einem riesigen See riechen.

4 **Setze die fehlenden Satzzeichen bei der wörtlichen Rede ein. (18 Punkte)**

Das faulste Tier der Welt

Tiere können einfach alles besser klagt Max. Mir fällt ein Tier ein, mit dem wir bestimmt mithalten können freut sich Kaya nämlich das Faultier. Ach ja? fragt Max neugierig. Kaya erklärt Es legt in der Minute höchstens fünf Meter zurück, aber nur wenn es sich beeilt. Das schaffe ich nie lacht Max.

Vergleiche deine Ergebnisse mit dem Lösungsheft. Für jede richtige Antwort bekommst du einen Punkt.

☺ 38–31 Punkte	😐 30–22 Punkte	☹ 21–0 Punkte
Gut gemacht!	Gar nicht schlecht, aber lies dir die Merkkästen auf den Seiten 92–96 noch einmal genau durch.	Arbeite die Seiten 92–96 noch einmal genau durch.

Ich teste meinen Lernstand

Wie kannst du mit der folgenden Einheit arbeiten?

1 Mit dem folgenden Test (▸ S. 98–103) kannst du prüfen, was du im Fach Deutsch schon alles gelernt hast. Du testest verschiedene Bereiche:
- das **Verstehen von Sachtexten und literarischen Texten** (Aufgaben Teil A „Texte verstehen“),
- **Grammatik** und **Rechtschreibung** (Aufgaben Teil B „Rechtschreibung“ und Teil C „Grammatik“) und
- das **Schreiben einer spannenden Erzählun**g (Aufgaben Teil D „Spannend erzählen“).

2 In dem Test begegnen dir verschiedene **Aufgabenarten,** z. B.: in einer Auswahl an möglichen Antworten die richtige ankreuzen, Informationen passend zuordnen, Kurzantworten geben, Lückentexte füllen oder eine Geschichte schreiben.
TIPP: Lies die Texte und die **Aufgabenstellungen** immer sehr aufmerksam und frage dich, ob du **genau verstanden** hast, was verlangt wird, bevor du zum Beispiel vorschnell ankreuzt.

3 Du kannst deine Antworten mit Hilfe des Lösungsheftes selbst prüfen und mit Hilfe der erreichten Punktzahl deinen **Lernstand bewerten.**

A Texte verstehen

Lies den Text über Füchse in der Stadt. Löse dann die Aufgaben auf den nächsten Seiten (▸ S. 99–100). Beachte: Bei Ankreuz-Aufgaben ist immer nur eine Lösung richtig.

Füchse in der Stadt

Die Scheinwerfer unserer Fahrräder huschen über die Markierung des Fahrradwegs. Es ist ein später Sommerabend in einer deutschen Großstadt. Im Licht der Lampen tauchen plötzlich blitzende Augen und ein rötliches Fell auf. Wir bremsen auf der Stelle. Fünf Meter vor uns steht ein wildes Tier – ein Fuchs. Der Rotpelz schaut uns neugierig an, senkt den Kopf, als ob er uns Guten Abend wünschen wollte, dann verschwindet er zwischen parkenden Autos.
Begegnungen mit scheinbar zahmen Füchsen gehören mittlerweile zum Alltag in deutschen Großstädten. Das Leben ist für die Allesfresser hier viel komfortabler und sicherer als auf dem Land. Überall ist der Tisch reich gedeckt. Ob Küchenabfälle, Futternäpfe für Haustiere, Ratten oder Tauben – in der Nachbarschaft des Menschen kommen die ehemaligen Waldbewohner viel leichter an eine Mahlzeit als in ihrem ursprünglichen Lebensraum. Und während auf dem Land stets die Büchse des Jägers droht, haben Stadtfüchse in den Menschen eher Freunde. Für die meisten Stadtbewohnerinnen und -bewohner ist es ein Erlebnis, das relativ große Raubtier bei seinen Streifzügen zu beobachten.
Deshalb wundert es kaum, dass sich allein in Berlin mittlerweile bis zu 3000 Füchse angesiedelt haben. Das Zusammenleben von Mensch und Fuchs verläuft allerdings nicht immer ungestört. Manche Haus- und Gartenbesitzerinnen und -besitzer berichten von zerwühlten Beeten und verschlepptem Kinderspielzeug. Vor einigen Jahren wurde sogar eine Frau nachts von einem zudringlichen Fuchs gebissen, als sie ihn im Schlaf von ihrer Bettdecke verscheuchen wollte. Der Biss stellte sich allerdings als harmlos heraus. Die Tollwut – eine auch für Menschen gefährliche Fuchsseuche – ist unter Stadtfüchsen schon seit über zwanzig Jahren ausgerottet.
Dennoch bleibt der Fuchs ein Wildtier, von dem man auch in der Stadt Abstand halten sollte. Es wir geraten, die Tiere auf keinen Fall zu füttern

und Nahrungsmittel nicht im Garten liegen zu lassen. Sonst könnten Füchse ihre Scheu vor Menschen ablegen und eine lästige Plage werden. Und niemand möchte letztlich, dass irgendwann ein Kleinkind von einem Fuchs gebissen wird.

Aufgabe 1

Kreuze die richtige Antwort an. ☐ /1 Punkt

Bei dem Text handelt es sich um ...

A ☐ eine Warnung vor tollwütigen Füchsen in der Stadt.

B ☐ eine spannende Erzählung über einen wilden Fuchs in der Stadt.

C ☐ einen Sachtext über die Verbreitung wilder Füchse in der Stadt.

D ☐ einen Sachtext über die richtige Haltung wilder Füchse in der Stadt.

Aufgabe 2

Kreuze die richtige Antwort an. ☐ /1 Punkt

Füchse verlassen den Wald, weil ...

A ☐ sie dort von anderen Tieren bedroht werden.

B ☐ sie in der Stadt leichter Futter finden.

C ☐ sie Menschen angreifen wollen.

D ☐ es in Städten wärmer ist als im Wald.

Aufgabe 3

Für den Fuchs / die Füchse werden im Text viele verschiedene Begriffe verwendet.
Kreuze an und notiere die Zeile: Welche fünf Begriffe findest du im Text? ☐ /5 Punkte

☐ Rotpelz (Z. ____) ☐ Allesfresser (Z. ____) ☐ roter Vierbeiner (Z. ____) ☐ Räuber (Z. ____)

☐ Waldbewohner (Z. ____) ☐ Raubtier (Z. ____) ☐ Hühnerjäger (Z. ____) ☐ Wildtier (Z. ____)

Aufgabe 4

Was bedeuten die Begriffe? Ordne die zutreffenden Worterklärungen zu.
Ziehe Verbindungslinien zwischen Wort und richtiger Erklärung. ☐ /3 Punkte

Büchse des Jägers (Z. 21)
Streifzüge(n) (Z. 24)
Fuchsseuche (Z. 37)

Erkundungsgänge, um die Gegend auszuforschen
Dreck, den wütende Füchse hinterlassen
Jagdgewehr
Eisenbahnschienen, über die Füchse streifen
Futterdose, mit der Jäger Wildtiere anlocken
hoch ansteckende Krankheit bei Füchsen

Aufgabe 5

Erkläre: Warum sollte man Füchse in der Stadt nicht füttern? ☐/1 Punkt

____

Aufgabe 6

Lies das Gedicht „Der kleine Fuchs". Kreuze dann die richtige Antwort an. ☐/1 Punkt

Dirk Held: **Der kleine Fuchs**

Der kleine Fuchs will lesen,
so um die Mitternacht,
drum hat er sich aus Tulpen
ein Leselicht gemacht.

Es ist nicht still im Walde
und war's im Grunde nie,
der ganze Wald singt leise
die Waldnachtmelodie.

Es klingen Eul und Käuzchen
mal schön und mal verstimmt
Und eine Seite raschelt,
wo Licht und Tulpe glimmt.

Im Gedicht „Der kleine Fuchs" geht es um …

A ☐ einen singenden Wald.
B ☐ glühende Tulpen mitten im Wald.
C ☐ einen lesenden Fuchs im nächtlichen Wald.
D ☐ singende Tiere im nächtlichen Wald.

Aufgabe 7

Kreuze die richtige Antwort an. ☐/1 Punkt

„Und eine Seite raschelt" (Vers 11) bedeutet, dass …

A ☐ eine Seite des Waldes rauscht.
B ☐ die Bäume auf einer Seite des Waldes rascheln.
C ☐ Tiere in einer Hälfte des Waldes rascheln.
D ☐ der kleine Fuchs eine Seite in seinem Buch umblättert.

Aufgabe 8

Fülle die Lücken des folgenden Textes über das Gedicht mit passenden Wörtern: ☐/10 Punkte

„Mitternacht" (Vers 2) • Gedicht • lesen • Lampe • märchenhafte • still • Klänge • „Waldnachtmelodie" (Vers 8) • Käuzchen • „glimmt" (Vers 12)

In dem ____________ „Der kleine Fuchs" gibt es eine ____________ Situation:

Ein Fuchs kann ____________ und eine Tulpe kann leuchten wie eine ____________.

Aber nicht nur der Fuchs ist wach, auch Eule und ____________ machen Geräusche.

So ist es im Wald nachts nicht ____________, sondern voller ____________.

In dem Gedicht reimen sich einige Wörter: Auf „gemacht" (Vers 4) reimt sich ____________,

auf „nie" (Vers 6) reimt sich ____________ und auf „verstimmt" (Vers 10)

reimt sich ____________.

B Rechtschreibung

Aufgabe 9

Im folgenden Text werden Sprichwörter und Redewendungen zum Fuchs erklärt. Der Text enthält aber noch 12 Rechtschreibfehler. Streiche die falsch geschriebenen Wörter im Text durch und verbessere sie in der rechten Spalte.

☐ /12 Punkte

Vorsicht Fehler!

Es gibt viele sprichwörter und Redewendungen, in denen der Fuchs vorkomt. Man sagt zum beispiel: „Er ist schlau wie ein Fuchs!“ Das spielt auf die klugheit des Fuchses an. Wenn jemand sehr einfallsreich ist, nennt man ihn auch „Schlaufuchs“ oder „ausgefuchst“. Wenn jemand aber sagt: „Du hast dem Fuchs den Hühnerstal anvertraut“, meint er, dass du dem Falschen vertraut hast. Denn der Fuchs frist Hühner. Man solte niemals einen Fuchs in die nähe von Hühnern lasen! Ist jemand „fuchsteufelswild“, so ist er wütend wie ein Fuchs, den man gefangen hat. Ein ort, an dem „sich Fuchs und hase Gute Nacht sagen“, ist weit abgelegen und einsam. Denn ursprünglich traf man den Fuchs nur im tiefen Walt, weit entfernt von der Stadt.

C Grammatik

Aufgabe 10

Fülle in die Lücken des folgenden Textanfangs die passenden Verben. Setze die Verben dabei in die Zeitform Präteritum.

☐ /8 Punkte

springen • fotografieren • fliegen • halten • beißen • liegen • brechen • beweisen

Vor einigen Jahrzehnten ____________ ein russischer Tierfotograf einen ungewöhnlichen Vorfall. Auf einem Acker ____________ ein Fuchs, der tot zu sein schien. Eine Krähe ____________ herbei, um sich ein Stück von dem Aas zu sichern. Sie wollte gerade dem toten Fuchs ein Auge auspicken, da ____________ dieser auf, ____________ zu und ____________ der überraschten Krähe das Genick. In der Biologie ____________ man bis dahin Berichte über so ein schlaues Verhalten des Fuchses für ein Märchen. Die Bilder ____________ ____________ nun deren Richtigkeit.

Aufgabe 11

Hier findest du eine Fortsetzung des Textes von Seite 101 unten. Setze in die Lücken die folgenden Nomen im richtigen Kasus ein. Manchmal gibt es mehrere richtige Möglichkeiten. Notiere dahinter, um welchen Kasus es sich jeweils handelt:
N = Nominativ, D = Dativ, A = Akkusativ, G = Genitiv. ☐ /5 Punkte

der Fuchs • die Klugheit • das Kaninchen • das Raubtier • die Beute

Die Wissenschaft hat tatsächlich ______________ ☐ des Fuchses bewiesen. Forschende haben bei ______________ ☐ beobachtet, dass es selbstständig Probleme lösen kann. So schubst der Fuchs eingerollte Igel ins Wasser. Die entrollen sich, um zu schwimmen. Und schon schnappt er zu. Sogar die Hinterlist ______________ ☐ ist wissenschaftlich belegt. Es gibt Berichte über Füchse, die sich zum Beispiel einem Kaninchen mit einem Trick nähern. Sie tollen wild herum und tun so, als ob sie spielen, ohne ______________ ☐ zu bemerken. Wiegt sich ______________ ☐ in Sicherheit, packt der Fuchs plötzlich zu.

Aufgabe 12

Bestimme die unterstrichenen Satzglieder im folgenden Textausschnitt.
Trage dazu die Nummern hinter den Satzgliedern an der richtigen Stelle in die Tabelle ein.
Achtung: Bei manchen Satzgliedern in der Tabelle musst du mehrere Nummern eintragen. ☐ /11 Punkte

Wegen seiner Intelligenz (1) kann sich der Fuchs an nahezu jede Umweltsituation anpassen und überall und zu jeder Zeit (2) sein Futter (3) finden. Deshalb hat er sich auf der ganzen Welt (4) ausgebreitet. Während andere Wildtiere und ihre Lebensräume (5) vom Menschen immer weiter zurückgedrängt werden, hat sich der Fuchs (6) an unsere Zivilisation angepasst. Das Tier hat nicht nur gelernt, in Sibirien (7) Lemminge zu überlisten oder in Asien Hühnerställe (8) zu plündern, sondern es kann auch in Köln sicher (9) dem Straßenverkehr (10) ausweichen. Der Ruf des Rotpelzes (11) besteht demnach völlig zu Recht: Er ist ein ausgefuchster Überlebenskünstler.

Satzglieder	Nummer	Satzglieder	Nummer
Subjekt	______	Adverbiale Bestimmung des Ortes	______
Dativobjekt	______	Adverbiale Bestimmung der Zeit	______
Akkusativobjekt	______	Adverbiale Bestimmung der Art und Weise	______
		Adverbiale Bestimmung des Grundes	______

D Spannend erzählen

Aufgabe 13

In der folgenden Geschichte fehlt ein Teil.
Lies den Anfang und das Ende der Geschichte und schreibe dazu einen passenden, spannenden Höhepunkt. Bearbeite dazu die Teilaufgaben a bis d.

☐ /20 Punkte

Auf meine Sommerferien bei Oma in der Stadt hatte ich mich lange gefreut. Aber wer hätte gedacht, dass ich in der ersten Nacht eine unheimliche Begegnung haben würde?
Mitten in der Nacht musste mich etwas aus tiefem Schlaf geweckt haben. Was war das? Ich schreckte hoch und wusste zuerst gar nicht, wo ich war. Die Leuchtanzeige des Weckers auf dem Nachttisch zeigte zwölf Uhr: Mitternacht! Von irgendwo aus der Wohnung hörte ich deutlich ein scharrendes Geräusch. Versammelten sich dort gerade die Geister der Toten? Ich lag starr vor Schreck in meinem Bett und lauschte. Das Scharren, Kratzen und Knistern wurde immer lauter. Was könnte das sein? Schließlich siegte meine Neugier und ich stieg vorsichtig aus dem Bett.
[…]
Aufgeregt lief ich zum Küchenfenster und spähte hinaus. Im Schein der Straßenlaterne entdeckte ich einen rotpelzigen Vierbeiner. Ein Fuchs! Er wandte mir kurz den Kopf zu und ich sah etwas zwischen seinen Zähnen. Unser Frühstücksbrot! Mit solch einem wilden Räuber hatte ich in der Stadt nicht gerechnet. Erleichtert kroch ich ins Bett zurück. Bis ich wieder in tiefen Schlaf fiel, überlegte ich, was es wohl zum Frühstück geben würde.

a **Sieh dir die Bilder an und finde heraus, worum es im Höhepunkt der Geschichte geht. Achte auch auf Kleinigkeiten und auf den Gesichtsausdruck des Kindes. Was könnte es fühlen und denken?**

b **Lege im Heft einen Schreibplan an: Notiere zu jedem Bild Sätze. Nutze dazu den folgenden Wortspeicher:**

auf Zehenspitzen • über den dunklen Flur • Richtung Küche • unheimlicher Schatten • schwach erleuchtete Küchenwand • Was ging dort vor sich? • Was war das für ein …? • plötzlich • Herz schlug bis zum Hals • all seinen Mut zusammennehmen • eiskalt den Rücken herunterlaufen • mit dünner Stimme fragen • leises Knurren • etwas Dunkles • in der Dunkelheit verschwinden • halb geöffnete Küchenfenster • mit einem Zischen • auf einmal • im Nu • schlagartig

c **Schreibe mit Hilfe deiner Sätze den Höhepunkt der Geschichte in dein Heft.**

d **Überlege zum Schluss eine Überschrift und schreibe sie über die Einleitung der Geschichte.**

Deutschbuch

Jetzt mit barrierefreiem Farbkonzept
Mehr Informationen auf *cornelsen.de/bf*

Gymnasium Baden-Württemberg

Autoren- und Quellenverzeichnis

S. 14: Kästner, Erich: Wie Eulenspiegel einem Esel das Lesen beibrachte. Aus: Kästner, Erich: Till Eulenspiegel. Atrium: Zürich 2000. **S. 27:** Bote, Hermann: Eulenspiegel zieht aus. Aus: Sichtermann, H. (Hrsg.): Till Eulenspiegel von Hermann Bote. Hrsg. in die Sprache unserer Zeit übertragen und mit Anmerkungen von Siegfried H. Sichtermann. Insel Verlag, Frankfurt am Main 1999. **S. 30:** Gsell, Siggi: Große Pause. Aus: Remmers, Ursula; Warmbold, Ursula (Hrsg.): ABC und Tintenklecks: Gedichte für Kinder. Reclam Verlag, Stuttgart 2013, S. 46. **S. 85:** Nöstlinger, Christine: Rechenaufgabe unter Tränen. Aus: Nöstlinger, Christine: Ein und Alles: Das große Hausbuch für die ganze Familie. G & G Verlagsgesellschaft mbH, Wien 2014. **S. 100:** Held, Dirk: Der kleine Fuchs. Aus: Held, Dirk: Traumfische. Selbstverlag, Ottobrunn 2015, S. 15. © Dirk Held.

Bildquellenverzeichnis

S. 17: stock.adobe.com/ECOView; **S. 18:** Colourbox.com; **S. 63:** Ferdinand Lutz / Reprodukt; **S. 64:** Wurmloch Verlag; **S. 98:** stock.adobe.com / Sarah Jorand; **S. 101:** stock.adobe.com/sduben

Redaktion: Thorsten Feldbusch
Teile des Kapitels Rechtschreibung wurden von Agnes Fulde erarbeitet.

Illustrationen:
Nils Fliegner, Hamburg: S. 68–95
Christiane Grauert, Milwaukee (USA): S. 4–15, 20–30, 103
Alexander von Knorre, Weimar: S. 31–58, 66

Umschlaggestaltung: Corinna Babylon unter Verwendung einer Illustration von Christiane Grauert (Milwaukee, USA)
Layoutkonzept:werkstatt für gebrauchsgrafik, Berlin
Technische Umsetzung: graphitecture book & edition

www.cornelsen.de

Alle Drucke dieser Auflage sind inhaltlich unverändert
und können im Unterricht nebeneinander verwendet werden.

Druck: Athesiadruck GmbH, Bozen

1. Auflage, 1. Druck 2025
Ausgabe ohne interaktive Übungen
978-3-06-062277-1

1. Auflage, 1. Druck 2025
Ausgabe mit interaktiven Übungen
978-3-06-062278-8

PEFC-zertifiziert
Dieses Produkt stammt aus nachhaltig bewirtschafteten Wäldern und kontrollierten Quellen
www.pefc.de
PEFC
PEFC/18-31-166